大都會文化
METROPOLITAN CULTURE

大都會文化
METROPOLITAN CULTURE

大都會文化
METROPOLITAN CULTURE

大都會文化
METROPOLITAN CULTURE

有一種智慧叫以退為進

前言

波浪式地前進

許多下過跳棋的人都知道，下跳棋必須在沒有阻礙的情況下，借助「橋梁」才能走步，如果眼睛一味向前盯著，也許能走一兩步；但如能為更長遠的走法做打算，通過後退、左右迂迴，就能走更多步。下跳棋的感悟，淺顯的道理，我們的人生又何嘗不像在下盤跳棋呢？

人的一生當中不知道要經歷多少進與退的抉擇，進需要有足夠的勇氣，退則需要更大的勇氣和更多的智慧。從道家的「無為而治」到儒家的中庸之道，歷代先哲都以他們實踐的智慧告誡我們：過猶不及，做事不可激進。然而面對生活和工作上的種種選擇，人們總是習慣貿然前衝，逞匹夫之勇，卻不知有時更需要以退為進的韜略。

人生之路不會像百米跑道一樣筆直，只需要直線前進。當我們開始懂得把生活看成是一次馬拉松比賽的時候，會發現，有時走彎路甚至回轉也是在前進。生活中並不缺少敢闖敢拚的人，而是缺少懂得迂迴、善於調整行走方向的人。懂得以退為進，學會放棄未嘗不是一個好選擇。

面對種種困境和波折，我們應當如何應對？其實人生路上有很多不進則退的情況，這不過是一次歷練自己能力的過程。不要總是以一種消極的態度去面對困境，應該珍視這難得的機會，堅信「天將降大任於斯人也，必先苦其心智，勞其筋骨」，讓自己在困難面前不失去繼續前進的鬥志。

其實，不管是大事還是小事，都有著相同的規律和道理。總是需要我們用冷靜的心態去面對，方能解決得得體有序。有些人總抱怨「事與願違」，卻不知道有時真的是「退一步海闊天空」。以退為進的做事方法和思維模式，能使生活和工作中的很多事情變得容易許多，達到事半功倍的效果。

前進的目標總是一個巨大的誘惑，人們往往在這巨大的誘惑面前失去清醒的心志，找不到更好的解決方法。懂得捨棄，能夠抗拒誘惑，才能以無為的心態去面對世間的成敗與得失，找到自己最恰當的生活定位。專注於一方面的工作，成功終將到來。

生活是一門哲學，其中最難掌握的恐怕就是進退之間的尺度，處理一件簡單的事情就能反映自己的進退哲學觀，人生最難的抉擇也就是進退的取捨，需要我們細心去品味其中的智慧。人生並不是任何時候都需要一往直前，更多時候需要靈活地轉個彎。

人生如潮，總有潮起潮落。處在浪尖的時候，要做好被浪濤沖走的準備；不要因為暫時處在低谷和困境中而灰心喪氣。我們需要明白，人生沒有永遠的低谷，正如沒有永遠的一帆風順一樣。現在處於谷底是為了將來有足夠的能力搏擊更高的天空，激起更美麗的浪花。

人生在世，不可能一直勇往直前，總得有停住腳步的時候。正如廣告大師奧威爾所說：「人生應該放慢腳步，走正確的路，很多時候我們需要把自己置於一個較低的位置，低調一點，才能取得更大的成就！」記住，後退並不可恥，那是邁向成功路上最好的迂迴戰術！

目錄

第一章 後退幾步溝壑易越 015

第二章 人生是一場馬拉松比賽 051

第三章 人在谷底心在天空 097

第四章 把缺陷轉化成優勢 137

第五章 放開雙手擁有世界 181

第一章　後退幾步溝壑易越

有一天，老禪師帶他的一個徒弟去行腳，一條三公尺多寬的水溝擋住了他倆的去路。武功深厚的老禪師抬腳就過去了，那個徒弟卻往後退了許多步，才趁著衝勁跳過溝去。

老禪師說：「你知道你剛才為什麼要往後退幾步才能跳過水溝嗎？」徒弟說：「因為我的功力還不夠，後退幾步再往前跑就能產生衝力，只有這樣以退為進，我才能跳過水溝。」

1．欲取之，先予之（一）

勝利是需要講究方法的，
需要有勇，更需要有謀。
講究「欲取之，先予之」的謀略。

《孫子兵法》中云：「逼則反兵；走則減勢。緊追勿迫，累其氣力，消其鬥志，散而後擒，兵不血刃。」講的是在戰爭中逼得敵人無路可走，他就會反撲；讓敵人逃跑則可消滅其氣勢。追擊敵人時緊緊跟隨而不逼迫，以消耗敵人的體力，瓦解他的鬥志，待敵人潰不成軍時再捕捉，可以不費吹灰之力。

這種欲擒故縱之計非但只有兵法上有，欲擒故縱、以退為進地處理問題，已經成為了一種思維方式，巧妙地運用，總是能夠事半功倍地解決問題。

東漢時，揚州陵陽縣發生一起殺兄案。

一天早晨，一個女子在房中揪住自己的小叔，大呼大叫：「這可怎麼得了

啊！小叔要強姦嫂子，把他哥哥殺死啦！」一聞聲來了許多看熱鬧的人。只見她的丈夫果然倒斃在血泊中，小叔身上沾滿了血跡，面無人色，語無倫次。

接著，這女子到縣衙門告官。縣官將小叔抓來，刑訊幾個回合，受不了刑罰之苦的小叔很快就供認：自己圖謀姦嫂，殺了哥哥。又加之有滿身血跡為證，所以立即被打入死牢裡。

揚州刺史莊遵，這天到陵陽縣察訪，正巧遇上此案。問清了案子的來龍去脈後，決定升堂重新審問。

在堂上，先是女子照舊哭訴一番，然後莊遵問其小叔有什麼可申訴的。小叔說：「我起早發現嫂子與別人私通，準備謀害我的哥哥，我就闖進兄嫂的房間去捉姦，沒想到一進房門就被嫂子揪住，她用手蘸起我哥哥的血就往我身上塗抹，又喊又叫誣賴我要姦汙她，還殺了哥哥。我一時氣昏，有口難辯。縣衙大堂，刑罰太狠，無法忍受，才招認了姦嫂殺兄，求青天大老爺做主。」

莊遵聽罷，覺得案情並不簡單，一時真偽難辨。於是當眾宣佈：「這個小叔真是大逆不道，應依法處置，先監禁起來，可將其嫂子放回。」

然後，莊遵密令差役在半夜時分，潛藏在女子窗外牆下偷聽。當夜，果然有姦夫到來。他走進屋子就問：「這位刺史大人審問小叔後，有什麼疑心嗎？」女子笑著說：「一點疑心都沒有。」說罷，兩人大喜，相互嬉戲。差役當即闖進屋去，將姦夫姦婦擒拿歸案。由此，使得那個小叔免去了不白之冤。

做事情的時候，不要把問題抓得太緊，如此反而適得其反。想進攻，且不失手，就要學會先放任其行，再獲，則不費吹灰之力。

智慧品人生

欲擒故縱，以退為進的思維，總是能夠為我們省去不少的麻煩。當事情不容易直接解決的時候，不妨換一種思維模式，逆向考慮問題，或許能簡單得多。

2・欲取之，先予之（二）

巧妙地運用以退為進的思維，
總是能夠事半功倍地解決問題。

在軍事思想中，很重要的一點就是攻心為上，戰爭如此，其他亦然。重要表現在從心理上征服對手，才能解決不必要的麻煩，達到長久的穩定。

放對手一馬，不等於放虎歸山，目的在於讓對手鬥志逐漸懈怠，體力、物力逐漸消耗，最後伺機全殲，達到目的。諸葛亮七擒七縱，絕非感情用事，他的最終目的是在政治上利用孟獲的影響，穩住南方；在地盤上，次次乘機擴大疆土。

諸葛亮七擒孟獲，是軍事史上一個「攻心為上」的絕妙戰例。蜀漢建立之後，定下北伐大計。當時西南夷酋長孟獲率十萬大軍侵犯蜀國。諸葛亮為了解決北伐的後顧之憂，決定親自率兵先平孟獲。蜀軍主力到達瀘水（今金沙江）附近，誘敵出戰，事先在山谷中埋下伏兵，孟獲被誘入伏擊圈內，兵敗被擒。

按說，擒拿敵軍主帥的目的已經達到，敵軍一時也不會有很強的戰鬥力了，這時乘勝追擊，自可大破敵軍。但是諸葛亮考慮到孟獲在西南夷中威望很高，影響很大，如果讓他心悅誠服，主動請降，就能使南方真正穩定。不然的話，南方夷族各個部落仍會侵擾，進行北伐的時候，後方就難以安定。

因此諸葛亮決定對孟獲採取「攻心」戰，斷然釋放孟獲。孟獲表示下次定能取勝，諸葛亮笑而不答。孟獲回營，拖走所有船隻，據守瀘水南岸，阻止蜀軍渡河。諸葛亮乘敵不備，從敵人不設防的下游偷渡過河，並襲擊了孟獲的糧倉。孟獲暴怒，要嚴懲將士，激起將士的反抗。於是將士相約投降，將孟獲綁赴蜀營。諸葛亮見孟獲仍不服，再次釋放。

後來孟獲又施了許多計策，都被諸葛亮識破，四次被擒，四次被釋放。最後一次，諸葛亮火燒孟獲的藤甲兵，第七次生擒孟獲。這次終於感動了孟獲，直到第七次，孟獲再次被擒，他才心悅誠服。他真誠地感謝諸葛亮七次不殺之恩，誓不再與蜀國發生戰事。諸葛亮巧妙地運用了欲擒故縱的方法，不僅從軍事上征服了孟獲，而且使得孟獲心悅誠服。從此，蜀國西南安定，諸葛亮才得以舉兵北伐。

「擒」和「縱」是矛盾的。軍事上，「擒」是目的，「縱」是方法。古人有「窮寇莫追」的說法。實際上，不是不追，而是看怎樣去追。古代戰術上講圍攻城郭時，只圍住敵人城池的三面，留一面給敵人。如果四面都圍上，把敵人逼急了，他們只得集中全力，拚命反撲。不如暫時放鬆一步，使敵人喪失警惕，鬥志鬆懈，然後再伺機而動，殲滅敵人。

兩晉末年，幽州都督王浚企圖謀反篡位。晉朝名將石勒聞訊後，打算消滅王浚的部隊。王浚勢力強大，石勒恐一時難以取勝。他決定採用「欲擒故縱」之計，麻痺王浚。

他派門客王子春帶了大量珍珠寶物，敬獻王浚，並寫信向王浚表示擁戴他為天子。信中說，現在社稷衰敗，中原無主，只有你威震天下，有資格稱帝。王子春又在一旁添油加醋，說得王浚心裡喜滋滋的，信以為真。正在這時，王浚有個部下名叫游統的，伺機謀叛王浚。游統想找石勒做靠山，石勒卻殺了游統，將他的首級送給王浚。這一招，使王浚對石勒絕對放心了。

西元三一四年，石勒探聽到幽州遭受水災，老百姓沒有糧食，而王浚不顧百姓生死，苛捐雜稅，有增無減，民怨沸騰，軍心浮動。石勒親自率領部隊攻打幽州。這年四月，石勒的部隊到了幽州城，王浚還蒙在鼓裡，以為石勒來擁戴他稱帝，根本沒有準備應戰。等到他突然被石勒的將士捉拿時，才如夢初醒。王浚中了石勒之計，身首異處，美夢成了泡影。

勝利需要一定的方法，知道什麼是真正的勝利，更是需要思考的問題。凡事須從大局著眼，不為一時的利弊蒙蔽，深謀遠慮才能取得最後的勝利。

智慧品人生

不管是戰爭中的攻心為上，還是韜略上的欲擒故縱，都需要敢於「放棄」的勇氣和智慧。在我們的生活和工作中也一樣，凡事從大局著眼，將眼光放遠。置身於一個寬廣的視角，才能作出正確的選擇。

3．智取才能成功

成功不是一條筆直順暢的大道，而是九曲十八彎的小徑。因此，以什麼樣的方式去行走這條路就成了關鍵。

在市場競爭中，有時是不能朝著目標一直走過去的，競爭是需要用些謀略的。

以可口可樂為例，一八八六年藥劑師約翰．潘博頓在製作一種可以提神的藥物時，無意中發明了「可口可樂」這種飲料。當時人們根本就不知道可樂這種飲料。基於可口可樂是一種新的產品，約翰．潘博頓開展了一系列的宣傳活動，逐步讓人們認識並瞭解可口可樂。

第一年，可口可樂每天平均銷量只有九瓶，約翰．潘博頓相當於僅賣出了二十五加侖的飲料，賺了五十美元，而廣告的費用卻高達七三點九六美元。這一年可口可樂是賠本了。但是如果不是當年的那七三點九六美元的宣傳費用，人們也許將永遠不知道有種叫「可樂」的飲料，又怎麼會有可口可樂後來的發展呢？

現在，可口可樂已經成為一個家喻戶曉的品牌，但可口可樂公司仍然沒有放鬆過對其產品的宣傳。因為可口可樂公司明白，在激烈的市場競爭中，沒有足夠的宣傳還是會被擠出名牌行列的。在宣傳上的投入雖然有時不能立竿見影地獲得收益，但那卻是獲得收益必須走的一步。

還有這樣一個故事：

有兩個報童在同一個地區賣同一份報紙，顯然他們是競爭對手。其中一個報童嗓子很好，每天沿街叫賣，剛開始的時候，生意很不錯，比另一個報童的生意要好很多。但是慢慢地，另外一個報童的生意居然超過他了。原因在於，第二個報童不僅沿街叫賣，還到一些固定的地方去發報紙，過一會兒再去收錢。跟這些固定地方的人混得越來越熟，就這樣，第二個報童就比第一個報童多一部分固定的客戶了。

其實，在賣報的過程中就蘊含了很多的銷售謀略。首先，他先到一些固定的地方發了報紙，那些拿到報紙的人就不會再去買別人的報紙了，相當於搶占了市場。他發得越多，對手的市場也就越狹小。其次，根據報紙的特點，報紙的價格很低廉，在購買時有很大的隨意性，而且不會有人賴賬不給錢。這個報童就這樣根據報紙的特點，找到了適合自己發展的方式，最終在市場競爭中取得了勝利。

在前進的道路中，堅持、不服輸固然重要，但是在勇往直前拼搏的同時，更需要注重謀略的運用。學會根據事情特點採取巧妙而有效的措施，做到不冒進、講方法地走好前進的道路，這樣，成功才會離我們越來越近。

智慧品人生

也許，成功與我們只有一牆之隔，我們需要做的是繞行，而非硬撞。

4．高調做事，低調做人

做人不可以鋒芒畢露，
肆意張揚，只會給自己招來無謂的傷害。

人難免會犯自視甚高的錯誤，喜歡在人前賣弄自己的聰明或者勇敢。可是這種賣弄不僅很難得到別人的認同，甚至還會招來別人的反感。卡內基在《人性的弱點》中寫到過：人的天性之一，就是不會接受別人的批評，總是認為自己永遠是對的，喜歡找各種各樣的藉口為自己辯解。

在《大藏經》裡有這樣一個故事：有一名比丘，心浮氣躁，老是想出人頭地，總是喜歡沒深沒淺地向其他比丘講經說法，或者在其他比丘面前顯示他的禪門武功，但經常失口失手，甚至當場獻醜。幾乎所有的比丘都不喜歡他，不願意與其交談。老禪師點化他多次，提示他還得精心深造，好好修業，他就是不聽。

有一天，老禪師帶他去行腳，一條三公尺多寬的水溝擋住了他倆的去路，武功深厚的老禪師抬腳就過去了。比丘卻往後退了許多步，才趁著衝勁跳過溝去。

老禪師說：「你知道你剛才為什麼要往後退幾步才能跳過水溝嗎？」

比丘說：「因為我的功力還不夠，後退幾步再往前跑就能產生衝力，我才能跳過水溝。」

老禪師說：「你剛才說的話裡有一句禪意深邃的偈語，領會好了，你將有大的發展和進步。」

比丘終於言下開悟，不再急著出風頭，而是靜下心來致力於文武禪修，終成一代文武雙全的高僧。

比丘在功力還不夠的時候，應該潛心修佛練功。做人也是如此，需要常常自省自己的行為，但是「木秀於林風必摧之」，即使我們真的有超世的才華或勇氣也不能太過張揚。掩藏自己的智慧，是保護自己的最好辦法。

據《史記》載：在魯哀公十一年那場抵禦齊國進攻的戰鬥中，右翼軍潰退了，孟之走在最後充當殿軍，掩護部隊後撤。進入城門的時候，他用鞭子抽打馬匹，說道：「不是我敢於殿後，是馬跑不快。」

孟之這樣謙遜的態度，表面上看是掩飾了自己的功勞。但是，到底是馬跑不快，還是孟之主動選擇殿後，任何人心裡都清楚。這樣一來，不僅他的功勞沒被埋沒，而且更顯示了他謙遜的品德。

此外，更重要的是，由於孟之的掩飾，使得那些跑在前面的人不至於為自己的懦弱而慚愧，保全了大家的面子。倘使孟之邀功自傲，當然他會得到應得的獎賞，但與此同時，他所得到的獎勵，也是對那些跑在前面的人的羞辱。因為得到一點小小的獎勵，而得罪這麼多人，實在是不值得，所以孟之明智地掩飾了自己的功勞。

有一句話叫「出頭的椽子先爛」，看起來這是一種畏首畏尾的怯懦，但是換一個角度看來，其實是很有道理的。做人不可以鋒芒畢露，肆意張揚，否則只會給自己招來無謂的傷害。做人應該始終保持謙遜的態度，不一定什麼事情都據理力爭。學會偶爾退讓幾步，多謙遜一些，可以為你營造一個很好的人際關係，從而減少成功路上的阻礙。

智慧品人生

明智的人，會在適當的時候掩蓋一下自己的鋒芒。轉個身、退一步，你會發現，你的退讓已經為你積攢了能量，掃清了障礙。凡事少與人爭，記住退而修行。

5.明辨時勢，應時而為

要想在激烈的市場競爭中坐穩一席之地並非易事，因此要提前制定好周密的計畫和策略，並學會當進時則攻，當退時則守。

二十一世紀是資訊時代的社會，而資訊社會中最重要的是什麼？當然是資訊。為什麼資訊會有如此巨大的價值？資訊的價值不在於其本身，而在於人們根據得到的資訊所作出的決策。隨機應變，分清時勢，才能作出正確的抉擇。

下面我們通過幾個寓言故事明白資訊的重要性。

古時候，有兩個南方商人，他們各自帶了一大批雨傘到北方去賣，因為南方的傘品質好而且便宜。

可到了北方，他們發現北方人很少用傘，因為那裡的天氣常年乾旱少雨，兩個商人都陷入了困境。

一個月後，兩個商人在回家的路上相遇，一個垂頭喪氣，一個卻志得意滿。

「看你這樣子是把傘都賣了，賺了不少的錢？」

「是啊，都賣了。」

「北方不常下雨，誰用雨傘啊，我都為此而破產了，你是怎麼賣掉的？」

「傘還是那些傘，我只是賣的時候把『雨傘』的名字改成了『太陽傘』，傘可以擋雨，難道就不能遮陽嗎？」

一樣的雨傘一樣的銷售環境，結果卻有天壤之別。事在人為，沒有不能解決的問題，關鍵要有一種因時因地而採取不同策略的意識。做什麼事情都不能一根筋，需要更多的反向思維。

失敗，往往不是我們的實力不夠，主要的原因在於我們沒有明辨時勢。遇到困難或者阻礙，要學會多動腦筋，學會變通，一味地冒進面臨的必將是失敗。

宋代沈括所著《夢溪筆談．權智篇》中，講了這樣一個故事：北宋名將曹瑋有一次率軍與吐蕃軍隊作戰，初戰告勝，敵軍潰逃。曹瑋故意命令士兵驅趕著繳獲的一大群牛羊往回走。牛羊走得很慢，落在了大部隊後面。

有人向曹瑋建議，「牛羊用處不大，又會影響行軍速度，不如將牠們扔下，我們才能安全、迅速地趕回營地。」曹瑋不接受這一建議，也不作任何解釋，只是不斷派人去偵察吐蕃軍隊的動靜。吐蕃軍隊狼狽逃竄了幾十里，聽探子報告說，曹瑋捨不得扔下牛羊，致使部隊亂哄哄地不成隊形，便掉頭趕回來，準備襲擊曹瑋的部隊。

曹瑋得到這一情報，便讓隊伍走得更慢，到達一個有利地形時，便整頓人馬，列陣迎敵。當吐蕃軍隊趕到時，曹瑋派人傳話給對方統帥：「你們遠道趕來，一定很累吧。我們不想趁別人勞累時占便宜，請你讓兵馬好好休息，過一會兒再決戰。」

吐蕃將士正苦於跑得太累，很樂意地接受了曹瑋的建議。等吐蕃軍隊歇了一會兒，曹瑋又派人對其統帥說：「現在你們休息得差不多了吧？可以上陣打一仗啦！」於是雙方列隊開戰，只一個回合，就把吐蕃軍隊打得大敗。

這時曹瑋才告訴部下：「我扔下牛羊，吐蕃軍隊就不會因殺回馬槍而消耗體力，這一去一來的，畢竟有百里之遙啊！我如下令與遠道殺來的吐蕃軍隊立刻交戰，他們會挾奔襲而來的一股銳氣拼死一戰，雙方勝負難定；只有讓他們在長途行軍疲勞後稍微休息，腿腳麻痺、銳氣盡失後再開戰，才能一舉將其消滅。」

智慧品人生

無論是進是退都不是憑藉決策者主觀臆斷出來的，而應該根據情況，明辨時勢，採取應時之為。市場經濟中尤其表現為對市場的預測，以及對競爭對手的估計。商場如戰場，根據形勢變換對策才能立於不敗之地。

6．你的價格，由你決定

做人做事都一樣，

不要讓自己處於卑微的位置。

大多數人都會認為做行銷工作的業務員就得處處委屈自己迎合顧客的態度；對自己的業務十分精通，無所不知，能夠回答顧客提出的任何問題。但是在一個專門的業務員培訓課堂上，老師卻為同學們上了這樣兩堂課：

第一堂課，面對你不知道的問題，笑而不答。

業務員對於自己的全部業務也不是都十分瞭解。當你遇到不知道或者不懂的問題時，最好的辦法不是真誠的道歉，而是一個恰到好處的微笑。你的這個微笑，有五種理解：

1.問題太簡單了，認為沒必要回答。

2.認可了。因為微笑的沉默等於肯定。

3.初次相識，不便說。

4.性格內向，不善言詞，卻又不失禮貌。

5.可能是個新手，還不熟悉業務。

對方在猜測你的這個微笑時，往往會先排除第五種可能。因為在人們的習慣思維中，認為不懂業務，豈敢上門推銷？而這個微笑就恰到好處地解決了你的窘境，它勝過千言萬語。

第二堂課，業務員不是乞丐，而是「天使」。

大多數人都認為業務員的工作就是靠顧客的購買來獲得利潤，是在賺顧客的錢。但是換一個角度，我們推銷成功，是因為客戶需要。事實上，我們不僅僅從客戶身上獲得了收益，同時也為他們解決了一些問題。培訓老師舉了這樣一個例子：

一天一個業務員去商場推銷自己公司的商品。進入經理辦公室的時候，經理只是埋頭做自己的事情，沒有停下手中工作的意圖。他只是淡淡地問了一句：「你是哪個公司的？來推銷什麼東西？」

這個業務員先不忙著遞名片和報公司名稱，而是不慌不忙地說明來意：「張經理，商場銷售的旺季到了，我是來幫你忙的。」

「幫我?!」那個經理沒有想到這次來的業務員居然是來「幫忙」的，就停下手中的工作，抬頭看著他。

「是呀。」

「那你就說說你能幫我什麼忙吧。」

「幫你提高營業額，增加利潤呀。」

「是嗎？」經理頗有興致地問。

「是的。你看旺季到了，你的花色品種比較單調，我來幫你補充新的式樣和顏色。」那個業務員繼續說道，講明自己的來意。

「那請給我看看貴公司的產品有什麼特色吧。」

那個業務員這時才遞上名片和宣傳冊，並進一步說：「像這個品種，在全國其他城市已經為商家帶來了很可觀的利潤。」

「嗯……」

這樣簡簡單單的幾句話，既先定下了幫經理贏利的基調，又為自己的業務談判埋下了伏筆，而且，在以後的銷售過程中，也少了許多沒必要的麻煩。

這堂培訓課講的其實是談判中的以退為進戰術。不要總覺得自己有求於對方，其實合作雙方都能獲利的項目才有合作的基礎。不要只是強調自己公司的優勢是什麼，而是要明確對方需要的是什麼，你們的產品能給對方帶來什麼。做人做事都一樣，不要讓自己處於卑微的位置。

智慧品人生

商業合作是雙贏的事情，不要讓自己處於卑微的境地。不妨在適當的時候學做一個「傲慢」的業務員，身價是自己抬上去的，不是別人施捨的。

7・外重者內拙

我們不能讓每件事情都能成功，
我們要做的是全力以赴，而不是自我逼迫。

《莊子・達生篇》中有這樣一段話：「以瓦注者巧，以鉤注者憚，以黃金注者殙……其巧一也，而有所矜，則重外也。凡外重者內拙。」大意就是：博奕者用瓦片作賭注時，技藝可以發揮得淋漓盡致，而換成黃金，就會大失水準，這就叫做「外重者內拙」。做事情不能給自己太大的壓力，全力以赴即可，如過於緊張，倒不如以輕鬆的心態去應對。

心理學上有一個所謂「目的顫抖」的原理，講的也是同樣的道理：在給小小的縫衣針穿線的時候，你越是全神貫注地努力，線越不容易穿入，倒不如放鬆地去穿針。生活中的很多現象都不例外，有時候目的性越強，反而越不容易成功。

道家喜歡從生活中、從自然中把握生活的真諦，發現生活的智慧。有這樣一個例子：當你把水龍頭開到最大的時候，你是永遠也接不到滿滿的一盆水的。巨大水流的衝擊力總是把盆子裡的水沖到外面去。要想接到滿滿的一盆水，你必須把水龍頭開關調小，雖然速度慢了，卻可以接到滿盆的水。

華達倫是一個著名的雜家演員，有人稱讚「他有一雙在鋼索上如履平地的腳」。他一生中以精湛的技術、出色的表演，贏得了無數的掌聲。然而在他最後的告別演出中卻發生了令人難以置信的一幕：在所有應邀而來的親朋好友的注視下，在所有人都準備為他最後的精湛表演喝彩時，這位名揚千里的雜家大師，居然從鋼索上掉了下來。

事後有人問他：「憑您的技術，怎麼會出這樣的意外呢？」他說：「那天，心裡總是想，這是自己雜技生涯的最後一場演出，而且請了那麼多親戚、朋友來捧場，一定要表演得很出色，千萬不能出錯。誰知表演時一走神兒，就出事了。」

在這種心態下，這位雜家大師「鬼使神差」地犯了原本不該也不會犯的失誤。這就是心理學上著名的「華達倫心態」。華達倫的那次失敗，被賦予了新的深刻的內涵，使人們從中得到更多的反思。

從表面上看，很多失手都是偶然的，其實卻有其必然性。因為，當你過於重視某件事情時，你會加倍小心，這種小心的心理會形成一種緊張情緒，在緊張情緒的影響下，就會出現心跳加速、精力分散、動作失調等不利於事情良性發展的反應，從而導致失敗。

因此，做事情時要放下包袱，輕裝上陣，不要在心裡暗示自己事情的重要性，避免在做事時給自己增添不必要的壓力。

智慧品人生

所謂「無欲則剛」，做任何事情的時候都不要給自己太大的壓力，適當的壓力可以起到激勵的作用，但是過大的壓力會把人壓垮，因此要學著在適當的時候給自己一個自由發揮的空間。

8・有進有退，方能靈活自如

生活中有兩位主角，一是人，一是事；事情的發展依人的做法而變，因此，靈活應對至關重要。

每一個問題都有與之相對應的答案，關鍵是通過什麼方法找到這個答案，使事情順利發展。其中一個最為有效且值得稱道的辦法就是以退為進攻略法。小則化解誤會干戈，大則解決政治危機。

據說，德國的末代皇帝威廉二世很愛吹牛，總是信口開河。有一次，他到英國訪問，在歡迎儀式等公開場合中，他興奮起來，便忘乎所以，又吹起牛來。他聲稱他是唯一對英國友好的德國人。有了他，英國人才沒有被俄國和法國踐踏；也是因為有了他，英國才打敗了南非的波爾人。這些難以讓人相信的話，他作為皇帝卻大言不慚到處宣揚，很快便引起了歐洲各國的抨擊和批評。英國人對此尤其憤怒。對於來自外界的強烈反應，德國政治家們驚慌失措，不知如何應付。

當威廉二世聽到外界的反應時，也意識到自己的失言。但皇帝的尊嚴使他沒有勇氣站出來承認自己的錯誤。於是找來大臣布羅親王，想讓他當替罪羊，便授意布羅親王，讓他承認是他建議皇帝那樣說的。

布羅親王一聽，心裡自然生氣，於是表示拒絕。威廉二世為此非常氣憤，拍案而起，對布羅親王吼道：「你認為我很愚蠢嗎？會犯下你所不能犯的錯誤嗎？」氣氛一時變得非常緊張。

布羅親王見談話的氣氛變得緊張了，也知道硬碰硬是不行的。於是，布羅親王平靜而緩慢地對威廉二世說：「微臣沒有資格說剛才的話。陛下在許多方面的成就，都使微臣萬分佩服，無論是軍事知識還是自然科學都是如此。」布羅親王說到這裡稍停了停，看了威廉二世一眼，見他怒氣漸消，正在認真地聽，便話鋒一轉，接著說：「可是，微臣正好懂些歷史方面的知識，這可能對政治有用，尤其在外交方面。」

布羅親王這麼一說，威廉二世的怒氣消失了，又高興了起來，笑了笑對布羅親王說：「我不是常常跟你講嗎，我們是最佳搭檔嘛！我們應該永遠在一起！我相信，這是能做到的！」這樣，氣氛又馬上緩和下來了。布羅親王和威廉二世的關係依然交好。

布羅親王因為靈機一動，及時調整自己的策略，而避開了和皇帝的針鋒相對。而後對其大加讚美，這就是以退為進。因為以退為進，布羅親王使快要崩潰的君臣關係起死回生。

智慧品人生

有時，退一步確實是明智之舉。應時而變，應勢而變，永遠保持對生活的活躍度。有時候，即使面對毫無道理的要求，也不能強硬地拒絕。婉轉地拒絕，不僅能保全別人的面子，更能獲得你想要的結果。

9．合理的方法，才能折出人生的高度

合理規劃你的人生，
才不至於讓你的人生變成一堆沒有高度的廢紙。

對待生活，有的人喜歡慎重規劃，合理地分配時間，有的人卻喜歡隨遇而安，因為他們覺得世間萬物隨時變化，再周密的規劃在現實面前也會顯得蒼白無力。但是一樣的努力，卻沒有方向，拚命進取，卻不知道什麼才是奮鬥的目標，這又怎麼能夠成功？

心理學上有這樣一個有意思的遊戲：

想一下，如果你有一張足夠大的白紙，你要把它折疊五十一次。那麼折完五十一次之後，它會有多高呢？又會是什麼樣子的呢？

有人回答：一個冰箱那麼高？一層樓那麼高？或者一幢摩天大樓那麼高？答案千奇百怪，回答多高的都有。只有很少的人會說：那是一個無法想像的高度，簡直有天高，因為那是紙的厚度乘以二的五十一次冪，你可以試試看。

但是你再想一下，如果是將五十一張白紙疊在一起呢？

這個對比讓我們感到震驚。沒有方向，沒有規劃的人生，不就如同於將白紙簡單地疊在一起嗎？今天做做這個，明天做做那個，每次努力之間並沒有聯繫。這樣一來，即便每份工作都做得非常出色，它們對你的整個人生也不過是簡單的疊加而已。

可是人生的寓意似乎要比這個遊戲複雜得多。有些人，一生認定一個簡單的方向並堅定地做下去，他們的人生最後達到了別人不可企及的高度。譬如，有個人，他人生的奮鬥方向是英語，於是他經過數十年的努力，僅單詞的記憶量就達到了十幾萬之多，在這一點上達到了一般人無法企及的高度，從而有了自己的成就。

也有些人，他們的人生方向也很明確。譬如開公司做老闆，他們需要很多技能——專業技能、管理技能、溝通技能、決策技能等。他們可能會在一開始嘗試做做這個，又嘗試做做那個，沒有一樣是特別精通的。但最後，開公司做老闆的這個方向將以前的這些看似零散的努力統合到一起，這就形成了一種複雜的人生折疊。就像將紙張折疊五十一次之後，由釘書機訂上，再寫上文字，那麼它就已經不是一堆紙的疊加而變成了一本深厚的書籍。

有的時候，計畫並不能完全付諸實踐，但是有規劃的行動會讓你的行動趨於一致，讓你的努力不至於付諸東流。雖然不是所有的努力都能得到回報，但合理規劃你的人生，才不會讓你的人生變成一堆廢紙。

智慧品人生

心理諮詢師說得好，「通過規劃利用好現有的能力，遠比挖掘所謂的潛能更重要。」與其費盡心機去想還有什麼是我沒有嘗試過的，還不如仔細想想現有的知識儲備該如何合理地運用。

10．想樣樣精，結果樣樣差

不要試圖去抓住你身邊的所有機會。
找到你選擇的路途就不要再觀望旁路上的花朵，
否則你只能重複這山望著那山高的悲劇。

一條街上有兩家賣老豆腐的早餐店。一家叫「潘記」，另一家叫「張記」，兩家店是同時開張的。剛開始，「潘記」生意十分興隆，吃老豆腐的人得排隊等候，來得晚就吃不上了。

潘記的特點是：豆腐做得很結實，口感好，給的量很大。相比之下，張記老豆腐就不一樣了，首先是豆腐做得軟，軟得像湯汁，不成形狀；其次是給的豆腐少，加的湯多，一碗老豆腐半碗湯。因此，有一段時間，張記的門前冷冷清清。

一天早上，一位姓董的老師起床晚了，只好來到張記的豆腐店吃早餐。吃完了一碗老豆腐，老闆走過來，笑著問他豆腐怎麼樣。董老師實話實說：「味道還行，就是豆腐有點軟。」老闆笑了笑，竟有幾分滿意的樣子。董老師說：「你怎麼不學學潘記呢？」老闆看著他說：「學他什麼呀？」他說：「把豆腐做得結實一點呀！」老闆反問他：「我為什麼要學他呢？」沉思了一下，老闆又說：「我知道了，你是說來我這邊吃豆腐的人少，是嗎？」董老師點點頭。老闆建議他一個月以後再來，看看是不是會有變化。

大概一個多月後，張記的門前居然真的排起了長隊。董老師很是好奇，也排隊買了一碗。看看碗裡的豆腐，仍然是稀稀的湯汁，和以前沒什麼兩樣，吃起來，也是從前的味道。老闆臉上仍然掛著憨厚的微笑，董老師也笑著問：「能告訴我這其中的祕訣嗎？」老闆說：「其實，我和潘記的老闆是師兄弟。」董老師有些驚訝：「那你們同門做的豆腐怎麼不一樣呀？」老闆說：「是不一樣。我師兄——潘記做的豆腐確實好，我真比不上，但我的豆腐湯是加入好幾種骨頭，再配上調料，經過十二個小時熬製而成的，師兄在這方面就不如我了。」

董老師還是有些不解，老闆繼續解釋：「這是我師傅特意傳授給我們的。師傅說，生意要想做得長遠，就必須有自己的特長。師傅還告訴我們，『吃』的生意最難做，因為眾口難調，人的口味是不斷變化的，即使是山珍海味，經常吃也會煩，因此師傅傳給我們不同的手藝。這樣，人們吃膩了我師兄的結實豆腐，就會到我這裡來喝湯。時間長了，他們還會回到我師兄那裡，再過一段時間，又會來我這裡。這樣，我們師兄弟的生意就能比較長遠地做下去，並且互不影響。」

董老師試探地問：「你難道就不想跟師兄學做豆腐嗎？」老闆卻說：「師傅告訴我們，能做精一件事就不容易了。有時候，你想樣樣精，結果樣樣差。」

不要試圖去抓住你身邊的所有機會。你的目標是高山，找到你選擇的路途直奔而上，就不要再觀望旁路上的花朵，否則你只能重複這山望著那山高的悲劇。

智慧品人生

人的精力和財力都是有限的，不可能面面俱到去做好每一件事情。各個方向都出擊，不如明智地選擇退出其中的幾方面，只專注地做好某一方面。放棄其他是為了把一條路走得更遠。

第二章 人生是一場馬拉松比賽

「人生的路有多長？」一個總是失意的人問智者。

「你想它有多長，它就有多長。」智者回答。

「我已經累了，一直拚命向前卻看不到終點。」

「你只是把人生當成一場直線賽跑，不論你再怎麼努力，前面總是有路。試著把人生當成一場曲折的馬拉松賽跑，你的終點就是起點。」智者說。

1．知難而退，獨闢蹊徑

如果說知難而進是一種勇氣，知難而退是一種智慧，那絕處逢生、獨闢蹊徑就是另一種詮釋！機遇只會留給那些能夠發現它的人！

通往成功的路上，可能有很多障礙，競爭太殘酷，會讓你覺得總有一天自己承受不住。那你是否想過，放棄這條擁擠的道路，去開拓一條屬於自己的康莊大道？

在服裝設計界有這樣一條規律：一種事物，若很快就被人們接受並開始盛行，那麼這種事物也必將很快被淘汰。商品經濟的今天，幾乎所有的競爭都是如此，人們蜂擁闖入同一個領域，也就決定了這個領域的競爭將會異常殘酷！

十九世紀中葉，在美國傳出了加利福尼亞州有金礦的消息。一時間，大量的美國人帶著他們的黃金夢瘋狂地湧入加州。

二十歲的青年史蒂夫跟所有的淘金者一樣，也來到了加州，並很快開始了他的淘金生涯。萬萬沒有想到的是，加州並沒有給他所期盼的東西，更不能實現他的黃金夢想。因為來加州淘金的人太多、太多了。更糟的是，由於加州氣候乾燥，水源奇缺，許多淘金者不僅沒能如願以償地挖到黃金，而且還喪命於此。即使這樣，也沒能讓一心想要發財的淘金者清醒、覺悟，人們還是狂熱地湧入加州、不計代價地淘金。

史蒂夫與其他淘金者一樣，不僅沒有找到黃金，更差一點在飢渴中丟掉性命。一天，史蒂夫呆坐在那裡，望著水袋中的一點點水，心中充滿恐慌。這時，他聽到周圍人對缺水怨聲載道。突然，他靈機一動：為何不去賣水呢？

是啊，淘金的希望太渺茫了，還不如賣水呢！就是這種獨闢蹊徑的想法成全了他絕處逢生的希望。

史蒂夫拿起手中的工具。但這次，他不是繼續挖金礦，而是開始挖水井。經過幾天的努力，一股清澈的泉水從地下噴湧而出。他把水挑到山谷賣給那些飢渴的淘金者。當時很多人不理解他的做法，甚至嘲笑他胸無大志，千辛萬苦地來到加州只是賣水。但是史蒂夫堅定自己的信念，繼續著自己賣水這樁「胸無大志」的事情。

不久，越來越鼓的錢包證明了史蒂夫對淘金的放棄是正確的。雖然他沒能挖到黃金，但是卻得到了非常可觀的收入。最終的結果是大批的淘金者空手而歸，史蒂夫卻在短短的時間內賺到了六千美元。在當時這可是一個不小的數目。

能夠獨闢蹊徑是很多著名商人的共同特點。在《晉商興衰史》中記載著這樣一個故事：明代，鹽的運銷實行開中制。所謂開中，就是政府控制鹽的生產和專賣權，根據邊防需要，定期或不定期出榜招商。應榜商人必須把政府需要的實物輸送到邊防衛所，才能取得販鹽的專賣執照「鹽引」，然後憑「鹽引」到指定的鹽場支鹽，並在指定的地區內銷售。

當時，銷量最多的是兩淮鹽。凡兩淮鹽商，須輸納實物（糧食等）到甘肅、寧夏等邊防衛所，然後領取「鹽引」，憑「鹽引」在兩淮鹽場支鹽。大體一引可兌鹽兩百斤。但是，由於官僚顯貴、勢豪奸紳上下勾結，豪強佔據，一般鹽商持引也不能在鹽場及時支到鹽，有時要等數年或數十年。加之，輸納實物到邊防衛所有時會遇到戰事，還要向各級官僚饋贈賄賂，這使兩淮鹽商的利益大受影響，以致虧賠不支，被迫退出鹽商界。

一名叫範世逵的商人分析了整個鹽界的形勢後，卻認為輸糧換引「奇貨可居」。於是他放棄了世代經營的農商業，開始進軍鹽業相關市場。他親赴關隴（函谷關以西、隴山以東一帶）至皋蘭（今蘭州）一帶，往來於張掖、酒泉、姑臧（今甘肅武威）等地，瞭解地理交通。不過，他不去和鹽商競爭，而是在這一帶專門經營糧、草，或購進，或銷售，或囤積，生意做得很活，數年內獲利頗豐。

知難而退是一種智慧。因為很可能在你退後的那一剎那，偶然卻也必然會發現一種全新的機遇。

機遇總是留給那些能夠發現它的人。「山重水複疑無路，柳暗花明又一村」。人生的路上滿是荊棘，你是否曾想過換一種思維去面對呢？相信，那將是另外一種「披荊斬棘」的方式！放手一搏吧，相信你會得到意想不到的收穫！

智慧品人生

捨得，捨得，有捨才有得。拿出勇氣，捨棄眼前所有，獨闢蹊徑，說不定會走出一條屬於自己的更為寬廣的道路。

2．追求，只為對的

不想要的東西沒有必要去追求，否則只能給自己帶來生活的累贅。

拋棄阻礙自己前進的累贅，追求，只為對的！

有一個人天天渴望機遇降臨，於是他一心專注於在大街上尋找機遇，對周圍的人和風景視而不見，對身邊的事充耳不聞。原本，機遇之神化作一位老人，想要給他介紹一份具有挑戰性，但收入非常可觀的工作，他卻嗤之以鼻，不屑一顧。二十年後，這人還在大街上尋找機遇，機遇之神再次化作原來的老人，打算給他一筆錢合夥做生意，他還是不屑一顧地拒絕。就這樣，直到他六十歲的時候，仍舊在大街上尋找他所謂的「機遇」。

當機遇擺在你面前，你不懂得珍惜。等到失去，你所擁有的不過是「後悔」。雖然這只是個故事，但你不覺得它跟現實中的某些人身上發生的某些事很像嗎？

這只是一個比喻。所以，奉勸那些追逐希望的人們，不要等到疲於奔命一輩子之後，才發現自己依然一無所獲。有智慧的人懂得把握身邊的機會，更善於選擇那些對自己有利的機會。他們知道哪些是自己需要的，哪些是沒有意義的。

在墨西哥海岸邊，有一名美國商人坐在一個小漁村的碼頭上，看到一個正打算靠岸的漁夫的船上裝有好幾尾大黃鰭鮪魚。美國商人對漁夫能抓到這麼高檔的魚先恭維了一番，然後問他要多少時間才能抓這麼多。

漁夫說：「一會兒工夫就抓到了。」商人再問：「你為什麼不待久一點，好多抓一些魚？」漁夫洋洋得意地說：「這些魚已經足夠我一家人生活所需啦。」商人又問：「那麼你一天剩下那麼多時間都在幹什麼？」

漁夫解釋：「我呀？我每天睡到自然醒，出海抓幾條魚，回來後跟孩子們玩一玩，再跟老婆睡個午覺，黃昏時晃到村子裡喝點酒，跟哥兒們玩玩吉他，我的日子過得可充實呢！」

商人搖搖頭，笑道：「你應該每天多花一些時間去抓魚，到時候你就會有錢去買條大一點的船，捕更多的魚，再買更多的漁船。然後你就可以擁有一個漁船隊。到時候你就不必把魚賣給魚販子，而是直接賣給加工廠或者自己開一家罐頭工廠。如此你就可以控制整個生產、加工處理和行銷環節。然後你可以離開這個小漁村，搬到墨西哥城，再搬到洛杉磯，最後到紐約，在那裡經營你不斷壯大的企業。」

漁夫問：「這要花多少時間呢？」

商人回答：「十五到二十年。」

漁夫問：「然後呢？」

「然後你就可以在家當皇帝啦！時機一到，你就可以宣佈股票上市，把你的公司股份賣給投資大眾。到時候你就發啦，你可以幾億幾億地賺。」商人大笑著說。

「然後呢？」漁夫又問。

商人回答：「到那個時候你就可以退休啦。你可以搬到海邊的小漁村去住。每天睡到自然醒，出海隨便抓幾條魚，跟孩子們玩一玩，再跟老婆睡個午覺，黃昏時晃到村子裡喝點酒，跟哥兒們玩玩吉他嘍。」

漁夫說：「哈哈，你說的我現在不是已經擁有了嗎？」

不同生活的人，有著不同的追求。美國商人認為應該先創業，然後享受過程的累累碩果，而漁夫的簡單想法卻讓他不費吹灰之力就實現了美國商人最終的心願。不得不說兩者有著實質性的區別。但是，你能說清楚他們誰對誰錯嗎？追求，只為適合的，適合的就是對的！

智慧品人生

放棄安逸的生活，可以成就事業；放棄事業的成功，可以贏得快樂的生活。人生沒有定式，選好自己的路，就不要再觀望別人的路。遵照自己的願望行走，就是非同尋常。

3．厚積薄發，成功在望

成功，是長時間能量積累後的爆發。成功的人，是懂得蓄勢的高手！

人們總是喜歡問怎樣才能成功，怎樣才能得到收穫。殊不知，成功是一個慢慢積累的過程，沒有量的積累，何來質的變化？

有這樣一則寓言：

一隻熊在溪邊苦等了一天，終於捕到一條小魚。

小魚可憐巴巴地對熊說：「熊啊，我太小了，根本不夠你塞牙縫。放我回溪中吧，過幾年我就長成一條大魚，那時我才肥美，也能夠讓你飽餐一頓。」

熊並沒有上當，牠答道：「你知道我為什麼能長得這麼高壯嗎？因為我不會為了一個大而無望的機會，而丟掉手上擁有的小利益。」

我們走向成功的過程亦如熊捕魚的過程，把握一點點的進步，才能一點點走向成功。不要幻想一夜成名，因為一夜成名的背後，更有「台上一分鐘，台下十年功」的付出。若非要給成功總結出一條方法，那麼就是一步一個腳印地走好每一步。紀昌學箭的故事就說明了這個道理。

古時候，有個射箭能手名叫飛衛。他射箭的本領十分高超，百發百中，是遠近聞名的神射手。只要他一拉弓，野獸就伏在地上，飛鳥就掉下來。

有個叫紀昌的青年，很想學得射箭的本領，就來到飛衛家拜他為師。飛衛剛開始並沒有傳授具體的射箭技巧，而是對紀昌說：「練射箭不能怕困難，首先要練好眼力，能夠盯著一個目標，眼睛一眨也不眨才行。你回去練吧，練好了再來見我。」

紀昌回到家裡，認真地練起了眼力。他躺在妻子的織布機下面，用眼睛盯著穿來穿去的梭子，一練就是一天。他就這樣日復一日地練了兩年，已經練到了就是有人用針刺向他的眼睛，他也能做到眼都不眨的地步了。

紀昌高高興興地去見飛衛，告訴他自己的眼力已經練得差不多了，可以學習射箭的技術了。飛衛卻說：「這還不夠，你還要繼續練眼力，直到能把小的東西看大了，然後再來見我。」

紀昌又回到家裡，用一根頭髮拴住一隻螞蟻，把它掛在窗口，每天站在窗前，緊緊地盯著那隻螞蟻看。日復一日地看了三年，螞蟻換了無數隻，終於，他把螞蟻看得像是車輪那麼大。

紀昌又去找飛衛。飛衛點點頭說：「現在可以教你射箭的本領了。」於是，飛衛開始教紀昌怎樣拉弓，怎樣放箭。紀昌又苦苦地練了幾年，終於成了一位百發百中的神射手。

練好眼力是學好射箭的基礎，但是作為射箭技術的基本功，眼力的訓練不能收到立竿見影的效果，容易被人們忽視。生活中的其他事情也是一樣，越是基礎的東西越不能馬上看到效果。所以，只有那些堅持不懈的人才能獲得成功。當你不經意間發現某人已經成功時，不要驚訝，他背後的艱辛付出，你又知道多少呢？

智慧品人生

與其費盡心思尋找成功的捷徑，不如腳踏實地地走好每一步。成功永遠不可能一蹴而就，只能是一個漫長艱辛的過程，努力地做好每一件應該做的事情，總有一天，成功會來敲門。

4·恢復原本的「狼性」

清晨，又一匹年輕的狼站在懸崖長嚎破曉，即將踏上拼搏的道路。因為不怕廝殺、不怕鮮血，所以牠們永遠是森林中的強者！

「寶劍鋒從磨礪出，梅花香自苦寒來」。不經歷生活的磨礪就難迸發出人性中最堅強的火花，相信每個人都明白這樣的道理，但是真正能做到者幾何？或許你根本沒有意識，其實安逸的生活正在悄無聲息地消滅你的意志。這一點，你意識到了嗎？

有這樣一則寓言：

龍蝦和寄居蟹都生活在海裡，但是牠們卻選擇了不同的生活方式：一個具有堅硬的外殼，而一個只能靠躲在別人的外殼下生活。

一天，牠們在深海中相遇，寄居蟹看見龍蝦正把自己的硬殼脫掉，露出嬌嫩的身軀。寄居蟹非常緊張地說：「龍蝦，你怎麼可以把唯一保護自己身軀的硬殼放棄呢？難道你不怕有大魚一口把你吃掉嗎？以你現在的情況來看，連急流也會把你沖到岩石上去，到時你不死才怪呢！」

龍蝦氣定神閒地回答：「謝謝你的關心，但是你不瞭解，我們龍蝦每次成長，都必須先脫掉舊殼，只有這樣，才能生長出更堅固的外殼。現在面對的危險，是為了在將來生長出更堅硬的外殼保護自己。」寄居蟹細心思量一下，自己整天只找可以避居的地方，活在別人的蔭護之下，如果哪一天不再有避居的地方，自己該怎麼辦？能自我保護嗎？

著名作家魯迅曾說過：「生活太安逸了，工作就容易被生活所累。」很多成大事的人，往往喜歡「自找苦吃」，給自己製造逆境，讓自己在磨煉中成長。而安逸的生活只能讓我們喪失鬥志，平庸地生活。

一位剛畢業的大學生順利地考進了公家機關，大家都認為這是一件很不錯的事情，別人都羡慕他有好運氣。但是工作了一段時間後，他卻毅然離開了政府部門，投身商海。

很多人不解他為什麼要作這樣的決定。面對別人的不解，他只是說：「我不想做一個失去野性的『狼』。」原來，二十二歲時，他大學畢業，按照原先的計畫順利地進了政府部門，每天一杯茶一張報紙地在單位混日子，他覺得這日子過得還不錯。有一回，他到鄉下去探親，看到親友竟然把一頭狼像狗一樣養在家裡看家護院。他驚問其故。親友告訴他，這狼自幼就與狗一同馴養，久而久之，這狼連長相都有些像狗，更別提狼性了。

他當時看著那狼，想想自己，頓時有些心驚。沒多久，他就在別人一片惋惜聲中毅然辭職去了都市。雖然在商場的打拼中，他吃了不少苦頭，摔了不少跟頭，但是他一直堅信，是狼就應該在野外的環境中磨礪自己，不能讓自己的狼性被磨滅。經過一番艱難的打拼，現在他已經有了一家註冊資產過億的公司，終於成為一隻在商場上威風凜凜的「狼」，盡顯其風采。

現在，很多大學畢業生都希望像這個人一樣，一開始就能夠得到一份安逸的工作，不想去接受挑戰，可這樣的職業又有多少？每年成千上萬的人擠破頭去考公務員，到頭來卻發現與自己的理想不符。真正的狼是在野外的風雨中成長起來的，如果堅信自己是「狼」，那就必須得面對職場上的風風雨雨，勇敢地闖蕩出屬於自己的事業。

智慧品人生

人生中任何風風雨雨都是對我們最好的磨煉。如果你想成為一隻威風凜凜的「狼」，就要學會接受任何風險的考驗，讓自己在風雨中磨煉狼性，以不辜負自己的狼性血統。

5．堅持唱完自己的歌

努力做事，不畏艱難。
拿出勇氣，堅持唱完自己的歌。

商場如戰場，敢於上這一「戰場」的人，都是有勇氣的人。與真正戰場不同的是，這一「戰場」拼殺的不是敵人，而是人們堅持做事、不畏艱難的勇氣。

在商場上打拼遊刃有餘的業務員黃美婷，可謂春風得意。很多初入職場的人都向她請教如何穩健發展、做得出色的方法。但黃美婷給他們講了她初入職場的一次經歷。

當時公司裡年輕人多，一幫男同事總是有事沒事地哼上幾句流行歌曲。她也是一個追星族，對各種流行歌曲也愛得欲罷不能。不過，她是屬於那種五音不全的女孩子，只能在獨處時將變調的歌唱給自己聽。

有一次，公司接待一位大客戶，老總決定讓所有人員傾巢而出，在市內最高級的餐廳給客戶接風，然後又到 KTV 去續攤。出發前，公司的男同事紛紛選取當晚的演唱曲目，大有「歌不驚人誓不休」的架勢。當他們問她準備了什麼時，她腦子裡一片茫然，不曾想自己也要「獻醜」。

那位大客戶是一名年輕有為的男士，對公司請他去唱卡拉 OK 的安排欣然接受。客戶的嗓音非常棒，她說他的歌聲簡直可以賽過巨星王力宏。在聽到她的誇獎後，客戶順水推舟地說：「那黃小姐的歌喉一定像張惠妹一樣出色嘍。」此時她只是禮貌地說自己不善唱歌，讓他聽她的同事唱。

在一幫男同事開心地放聲歌唱後，她的老總也上去試了一把。最後，所有的人都把期待的目光轉到全場唯一的女孩子黃美婷身上。她知道，再繼續拒絕顯然是不合適的。於是，在申明自己五音不全會製造噪音後，她選了一首蕭亞軒的情歌。

當她放開嗓子去唱的時候，偷偷環顧了一下四周，發現老總和客戶的眉頭不經意地皺了一下。由於過度緊張，她這次的發揮比以前任何一次都差勁。剛才還陶醉在曼妙音樂中的男同事頓時鬧哄哄地議論了起來，有個同事甚至口無遮攔地說：「求求妳別唱了，放我們的耳朵一條生路吧。」說完，其他男同事一起哄笑開了，老總也做了個阻止的手勢。

伴奏還在繼續，但她不準備就此停下。「請聽我唱完這首歌！」在被奚落後，她反倒變得堅定了。她知道這首歌也許是當晚唱得最差的一首，但是她還是堅持唱到結束。最後，客戶給了她掌聲……

客戶離開的時候，留給老總一句話：「貴公司的黃小姐不卑不亢，能夠堅持自己所追求的東西，我希望她能作為我們合作專案的負責人，希望老總大人成全。」她出乎意料地得到了重用，而這一切只因為不會唱歌的她在噓聲中堅持唱完一首情歌。

就這樣，她不僅得到了一個升職的機會，更明白了一個做事情的真諦：不要畏懼別人的批評，堅持做自己認為重要的事情，以足夠的毅力投入到工作中才能獲得成功。

身在職場，人們總是會遇到各種各樣的困難，但是無論什麼困難，請拿出足夠的勇氣面對，堅持唱完自己的歌，你會發現，奇跡會出現！

智慧品人生

面對別人的奚落，面對工作的困難你會做出怎樣的反應呢？會被嚇倒嗎？其實生命中的一切困難都和那些嘲笑一樣，只要你不把它放在心上，就有勇氣唱完屬於自己的一首歌。工作中需要的不是悠揚的歌聲，而是敢唱的勇氣。

6．放慢速度，穩步前進

積累與成功，並非一朝一夕

懂得穩住腳步的人，才是能夠走向成功的人。

當你懷揣夢想，想要成功的時候，是否忽略了某些細小但至關重要的事情？當你滿懷希望，向充滿陽光的大道奔去的時候，是否在心底謹記「欲速則不達」的古訓？

庚寅科，予自小港欲入蛟川城，命小奚以木簡束書從。時西日沉山，晚煙縈樹，望城二里許。因問渡者：「尚可得南門開否？」渡者熟視小奚，應曰：「徐行之，尚開也；速進，則闔。」予慍為戲。趨行及半，小奚仆，束斷書崩，啼未即起。理書就束，而前門已牡下矣。予爽然思渡者言近道。天下之以躁急自敗，窮暮無所歸宿者，其猶是也夫，其猶是也夫！

這個故事的大意是：順治七年冬天，一個書生想從小港進入鎮海縣城去參加科舉考試，吩咐小書僮用木板夾好捆紮了一大疊書跟隨著。這個時候，偏西的太陽已經落山，傍晚的煙霧縈繞在樹頭上。書生望望縣城還有約兩里路，便問那擺渡的人：「還來得及趕上南門開著嗎？」那擺渡的人仔細打量了小書僮，回答說：「慢慢地走，城門還會開著，急忙趕路城門就要關上了。」

急著趕路的書生聽了有些動氣，認為他在戲弄人。快步前進剛到半路上，小書僮摔了一跤，捆紮的繩子斷了，書也散亂了，小書僮坐在地上開始哭泣。等到把書整理捆好，前方的城門已經下了鎖。

書生這時才醒悟，想到那擺渡人說的話蘊含了深奧的哲理。天底下那些因為急躁魯莽而阻礙了自己到達目的地的人，大概就像這樣吧！

《論語》上也記載著類似的故事：

子夏一度在莒父作地方首長，他來向孔子問政，孔子說：「無欲速，無見小利。欲速則不達，見小利則大事不成。」告訴他為政的原則就是要有遠大的眼光，百年大計，不要急功近利，不要想很快就能拿成果來表現，也不要為一些小利益花費太多心力，要顧全整體大局。

「欲速則不達」是孔老先生一直強調的。在我們的生活中，不論是自然界還是人都不能超越規律的制約，急於求成只能適得其反。一個人只有擺脫了速成心理，積極努力，步步為營，才能達到自己的目的。

有一個小孩，喜歡研究生物，很想知道蛹是如何破繭成蝶的。一次，他在草叢中看見一隻蛹，便帶回家日日觀察。幾天後，蛹出現了一條裂痕，裡面的蝴蝶開始掙扎，想抓破繭殼飛出。艱辛的過程達數小時之久。小孩看著有些不忍，想要幫幫牠，便拿起剪刀將蛹剪開，蝴蝶破蛹而出。但他沒想到，蝴蝶掙脫蛹以後，因為翅膀不夠有力，根本飛不起來，不久，便痛苦地死去了。

毛毛蟲破繭成蝶的過程原本就非常艱辛，但只有通過這一經歷才能換來日後美麗蝴蝶的翩翩舞姿。外力的幫助違背了自然規律，反而讓愛變成了害，最終讓蝴蝶悲慘地死去。將自然界中這一微小的現象放大至人生，意義深遠。

欲速則不達，急於求成會導致最終的失敗。做人做事都應放遠眼光，注重知識的積累，厚積薄發，自然會水到渠成，達到自己的目標。任何事業的成功都有一個痛苦掙扎、拼搏奮鬥的過程。擺好心態，穩住腳步，給「成功」一個展現自我的機會！

智慧品人生

欲速則不達，做事最忌諱的就是急於求成。想成就一番大事業就必須經歷苦難的洗禮，一步一個腳印，扎實穩妥地走好每一步，才能收穫成功。

7．善謀者，乃成者

現代商場上的激烈競爭中，拼得不僅僅是勇氣，更是謀略。

西元前三五三年，魏國派精通兵法的龐涓率兵圍攻趙國都城邯鄲（今屬河北），趙國向齊國求救。齊王派田忌為將，孫臏為軍師，出兵援救趙國。

田忌想率軍直趨邯鄲，孫臏獻計說：「要解開雜亂的結就不應該生拉硬拽，要勸阻別人打架就不能一塊兒動手。避開強勢，攻擊空虛部位，利用有利於我方的形勢迫使他們不得不停止，事情就會自然解決，我們也無須費大力氣。

「現在魏國攻打趙國，精銳部隊都在外面，留在家裡的都是些老弱殘兵。將軍不如率領軍隊直接攻打魏國首都大梁，那麼魏國必然撤軍自救，這樣我們便一舉解了趙國之圍而且還可坐享以逸待勞之利。」田忌接受了孫臏的建議，魏國果然撤軍，回救大梁。齊軍在龐涓回師必經之地桂陵（今河南長垣西北）伏兵截擊，大敗魏軍。

「圍魏救趙」變攻堅為擊虛，變被動作戰為以逸待勞，變擊敵有備為出其不意，比直趨邯鄲參戰高明得多。從此留下了三十六計中「圍魏救趙」的經典計謀。

隨後，西元前三四九年，魏國與趙國聯合進攻韓國，韓國向齊國求救。齊國以田忌、田嬰、田盼為將，孫臏為軍師，仍採取攻其必救的戰法，率軍直趨大梁，迫使攻打韓國的魏軍回救。

與桂陵之戰不同的是，魏以太子申為上將軍，龐涓為將，率兵十萬，東出外黃（今河南蘭考東南），不但決心擊敗齊軍，而且確定了乘勢吞併營地的戰略。

孫臏對田忌說：「魏國的軍隊向來自恃強悍勇猛而輕視齊軍，認為齊軍膽怯懦弱。善於用兵的人就應利用其驕傲情緒，使之朝著利於自己的方向發展。兵法上說：『急行百里同敵人爭利，主將就有受到損折的危險；急行五十里同敵人爭利，部隊就會只有半數兵力趕到。』」

因此，孫臏定下了「減灶增兵」的計策。齊軍進入魏境後首先壘築十萬個鍋灶，第二天壘築五萬個鍋灶，第三天壘築三萬個鍋灶。龐涓率軍回國後，追趕齊軍走了三天，非常高興地說：「我本來就知道齊軍怯懦，進入我境才三天，他們的士兵就已逃亡過半了。」於是，他丟下步兵，率領精銳騎兵晝夜兼程地追趕齊軍。

孫臏計算了龐涓的行程，料定他天黑時應當到達馬陵。馬陵道路狹窄，兩旁多為險崖峭壁，可以埋伏部隊。孫臏命齊軍刮去一棵大樹的表皮，在其露白之處寫下「龐涓死於此樹下」字樣。同時，田忌派遣萬名士兵持弓箭伏於道路兩旁砍倒的樹木之後，約定夜裡看見火光亮起，萬箭齊射。

龐涓於天黑時追到馬陵，站在那棵樹下，發現樹幹露白之處寫有字跡，便讓人點燃火把照亮寫字處。他還未讀完，齊軍驟然萬箭齊發，魏軍頓時亂作一團，彼此失去聯繫。此時龐涓知道自己中了敵人誘兵之計，失敗已成定局，羞憤之下自殺而死。

歷史上很多事例告訴我們，戰爭，不是兵力強大就能獲勝，關鍵在於統率者如何調動自己的軍隊，輾轉迴旋，攻敵虛處。對待工作、面對敵人，你是一個直闖硬拼的勇者，還是一個懂得分析、善於借助大腦智慧解決問題的人？希望「圍魏救趙」的故事能讓你有所獲益！

智慧品人生

孫臏的軍事謀略告訴我們，獲勝並不是全靠勇敢，更要靠謀略。達到目的不一定只有一條直行的路，找到一條更方便走的「小路」，遠遠勝過於在直行的大路上艱難前行。先示弱，誘敵深入，出其不意，攻其不備，不失為獲勝的一條捷徑。

8‧人生中漂亮的迴旋

人的一生，不如意如影形隨，痛苦與計較能讓自己得到什麼嗎？
既然得不到，那何不換種心態？

成功的過程，亦是一個克服各種困難完善自己性格和心態的過程。不知道你有沒有聽過「不幸的事情總會不斷重演，直至有所領悟為止」這樣的諺語。是的，如果一個人喜歡怨天尤人，對任何事情都抱有消極悲觀的心態，那麼不幸就會像諺語中說的那樣——不斷重演！

有這樣一則寓言：

有一天，素有森林之王之稱的獅子，來到了天神面前：「我很感謝您賜給我如此雄壯威武的體格、如此強大無比的力氣，讓我有足夠的能力統治整個森林。」

天神聽了，微笑地問：「但是這不是你今天來找我的目的吧？看起來你似乎為了某事而困擾呢。」獅子輕輕吼了一聲，說：「天神真是瞭解我啊！我今天來的確是有事相求。因為儘管我的能力再好，但是每天雞鳴的時候，我總是會被雞鳴聲嚇醒。神啊！祈求您，再賜給我一種力量，讓我不再被雞鳴聲嚇醒吧！」

天神笑道：「你去找大象吧，牠會給你一個滿意的答覆的。」

獅子興沖沖地跑到湖邊找大象，還沒見到大象，就聽到大象跺腳發出的「砰砰」聲。

獅子加速跑向大象，看到大象正氣呼呼地直跺腳。

獅子問大象：「你幹麼發這麼大的脾氣？」

大象拚命搖晃著大耳朵，吼著：「有隻討厭的小蚊子，總想鑽進我的耳朵裡，害得我都快癢死了。」

獅子離開了大象，心裡暗自想著：原來體型這麼巨大的大象，也會怕那麼小的蚊子，那我還有什麼好抱怨的呢？畢竟雞鳴也不過一天一次，而蚊子卻是無時無刻不騷擾大象。這樣想來，我可比他幸運多了。

獅子一邊走，一邊回頭看著仍在跺腳的大象，心想：天神要我來看看大象的

情況，應該就是想告訴我，誰都會遇上麻煩事，而天神無法幫助所有人。既然如此，那我只好靠自己。反正以後只要雞鳴，我就認為雞是在提醒我該起床了，如此一想，雞鳴聲對我還算是有益處呢！

獅子從遇到的煩惱中學到了該如何處理生活中不如意的事情。的確如此，不論是多麼強大，總會遇到不如意的事情，與其為那些小事斤斤計較，倒不如換一種心態去看待。

正如日本著名企業家松下幸之助曾寫的：「你要感激欺騙你的人，是他增加了你的見識；你要感激遺棄你的人，是他教導你應自立；你要感激絆倒你的人，是他在強化你的能力；你要感激斥責你的人，是他增長了你的智慧。所有的一切，你都應該能夠從中學習到好處。」

將抱怨變為感激，將憤慨化為前進的動力不是更好嗎？如果你正在為某件事情煩惱鬱悶，那趕緊換種心態試試吧！

智慧品人生

生活中難免有不如意的地方，關鍵在於我們以什麼樣的心態去面對。困難是上天的一種恩賜，每一個困難背後都隱藏著一個生活的真諦，在等待我們去發現。

9．行走的態度決定路的長度

地上本沒有路，走的人多了也便成了路。
道路的形成，關鍵在於人們行走的過程。
沒有行走的過程，哪來的路？

俗語說：「笨鳥先飛早入林。」那是因為鳥知道，飛到樹林是有一段距離的，不論何時起飛都要飛過那段路程，如果不想被餓死，別無選擇，只有先於別人飛過去。而那些不「笨」的鳥為什麼不也飛早一點呢？大概是因為牠們驕傲，太過高估自己的實力了！

美國有一個年輕人，二十多歲時就在商業場上有了自己的一席之地。他不僅擁有豐厚的資本，更有非同一般的商業才幹。很多人對他很感興趣，因為在他的背後沒有龐大家族財團的支持，他所擁有的一切都是靠自己的努力獲得的。

當人們問他怎樣才能快速地擁有如此多的財富時，他笑笑說：「我的商業活動並不是一蹴而就的，只是我開始得比較早而已。」

這位青年在美國南部的農莊長大，很小就為農場工作，每天可以賺到二十五美分。他的父親很注重培養他的商業才能，沒農活時，便鼓勵他找些「副業」來做。

他的第一項商業活動開始於五歲賣煮花生，那也是他第一次接觸農場以外的世界。花生成熟的季節，他推著小車到地裡收花生，然後運回家，處理洗淨，在鹽水裡泡上一夜。

第二天早上，天剛濛濛亮，他就開始工作了。花生要煮半個多小時，要入味但不能變軟。最後再把花生撈出、濾乾，半斤一袋，分裝二十多袋。每週六他起床更早，因為週末生意好，要準備四十袋。一切就緒，他把所有的袋放進大筐，騎上小自行車去普萊恩斯城裡賣。

如果生意好，花生到中午就能賣光，這時他的口袋裡就多了一美元。回家途中他必須經過一個加油站。普萊恩斯有幾個老兵，在一戰中受過傷，政府按月發給撫恤金。因為不需要工作，他們白天就坐在加油站外閒聊、喝酒。見他有賣不掉的花生，他們也會買幾包，但作為代價，他必須收拾他們丟在地上的垃圾並容忍各種惡作劇。

老兵中有個人尤其喜歡捉弄他。八歲時的一天，生意不太好，剩下不少花生。那人讓他按他手指活動的方向邁步，如果他能做到準確無誤，就買下他全部的花生。

他同意後，聚精會神地盯著老兵的手指，前進、後退、向左、向右……突然腳心一陣刺痛，原來老兵故意讓他踩上一個未熄的菸頭，因為他沒穿鞋（直到十三歲上初中他才開始穿鞋），所以他疼得跳起來，眾人捧腹大笑。因為他們都是他的顧客，於是他只好忍著怒火，一聲不吭地離開了。

那年，棉花的價格跌到最低，五美分一斤，二十五美元一包（五百斤）。批發商積壓了夠賣兩年的貨物。他的父親帶他找到一個批發商，他用三年賣花生攢下的錢買了五包棉花，存在後院的小倉庫裡。

幾年後，棉花價格漲到十八美分一斤，他賣了存貨。剛巧附近農莊的承包人去世，他便買下他名下的五間農房，轉租給農場雇工：兩間小房月租兩美元；兩間大房五美元；另外一間二點五美元。也就是說，他的投資每天都有三十多美分的收入。他的投資比過去更大了，收入也更多了。

他經常去拜訪房客，有時一個月好幾次，直到收齊房租為止。他進入海軍學院後，這項工作由父親代勞。一年後，他賣掉了那五間農房，價格是買時的三倍。

就這樣，年僅十六歲的他已經有了一筆可謂豐厚的資產，然後他繼續做自己的生意，並開始從事房地產、金融等商業活動，逐漸成了商場上一顆年輕的新星。

不論是財富的積累，還是能力的培養，都需要一個過程，成功的人都避免不了要經歷一個積累的過程。人們對這位商場奇少年的欽佩不僅僅是因為他的財產，更是因為他一步一個腳印執著的踏實的行走過程。

智慧品人生

成功，人們多是看到它光鮮耀眼的一面，其實在它光鮮的背後是一串串默默無聞的足跡。「臨淵羨魚，不如退而結網」，仰頭望著遠遠的成功，不如靜靜地守住成功前的寂寞，低下頭一步一個腳印，默默地走向它。

10．把本職做到一百零一分

機遇會垂青那些竭盡全力的人。

比滿分多一分，你擁有的可能是一個難以用數字衡量的機會。

身處在競爭激烈的社會，很多人都在為找到一份滿意的工作發愁、奔走，麻木、機械的行動，讓他們忽略了該如何提升自身的素質和能力。是金子在哪兒都會閃亮，而那些大力吹噓和標榜自己的人，名不符實，或許能得到人們一時的認可，但是大浪淘沙，沒有任何實際本事的人終歸還是要被淘汰掉的。只有那些擁有真才實學的人，只有那些懂得努力的人，才有閃光的機會。因為他們會主動將工作做到一百零一分。

大學生鐘欣畢業後，到一家銀行工作。一天，一位打扮斯文的中年男子來取一筆大額存款。鐘欣一看支票發現那張定期存單沒多久就要到期，提前支取將損失一大筆利息，於是就提醒了這位儲戶。

但這位儲戶說自己實在沒辦法，因為他預訂的房子已到了交款的期限。於是她問清了他訂房的地段，按照這個建商的付款方式及相關的政策，為他設計了一套更合理的交款辦法，這不但解決了他的燃眉之急，也讓他獲得了一大筆利息收入。

儲戶驚異於鐘欣如此年輕，卻有這麼精到的理財頭腦。同時，鐘欣的服務也是絕對的熱情周到，為儲戶想的辦法很周全。鐘欣也感到很開心。後來，她似乎已經將這件事情遺忘了，仍然繼續做著自己的本職工作。突然有一天，一家報社的記者寫的一篇關於她的報導上了報紙，這篇報導在當時引起了很大的反響。

原來，那個急著取錢的人是那家報社的主編。銀行主管順勢而為，利用她的知名度，組建了以她的名字命名的理財工作室，順應社會上開始出現的投資理財的新需求，也為銀行創造了頗豐的收益。

其實接待那位報社主編時，鐘欣並沒有把他當做特殊的客戶，更沒有想到這是一個機會，她只是認真做好自己的工作，為儲戶著想。這件事成為她事業的轉捩點，並讓她深刻體會到：善待工作和顧客，就是一種積極進取的人生態度，機會是無處不在的。

成功有的時候是需要機遇的，但是機遇是自己創造的。如何創造，並沒有捷徑，只有踏實做好自己的本職工作，竭盡全力，當你將工作做到一百零一分時，說不定機會已經向你招手微笑了！

智慧品人生

能夠正視自己，俯下身子做好哪怕是最為卑微的事情，你才具備合格的資歷。因此，無論你是誰，無論你處於什麼位置，都要拿出謙遜、認真的工作態度，認真做好每一件本該屬於你的事情。

11・學會駕馭彎道

成功，沒有筆直的康莊大道，更多的是曲折和彎道。如果你善於駕馭彎道，那麼，恭喜你掌握了更有效的成功方法！

不論是工作還是生活，很多事情看起來很難辨，必須採用得當的方法，才能通向成功。有時這是一個漫長的過程，不能急躁。直截了當不能解決的問題，不妨試試轉幾個彎，採用更為靈巧的方式解決。

相傳在一個山區，有一次，幾頭豬逃跑了。這幾頭豬跑到山裡之後，經過幾代的繁衍變異，不僅數量上有了很大的增加，這些豬還越來越凶悍，變成了野豬，經常威脅過路人。

一些經驗豐富的獵人想捕獲牠們，但這些野豬狡猾得很，從不上當，還傷害了幾個獵人。生活在當地的村民對這些野豬都沒有辦法，野豬成了這一帶的禍害。

正當人們束手無策之時，一天，一個老人駕著一輛馬車，進入野豬出沒的村莊，車上裝的是木料和穀粒。人們好奇地問他是來做什麼的，老人告訴村民說他是來幫助他們抓野豬除害的。聽完後，人們都哈哈大笑起來，因為沒有人相信一個年過花甲的老人，能夠制伏那些連年輕力壯的獵人們都沒有辦法制伏的野豬。

但是，老人不顧別人的嘲笑，趕著他的馬車進了山。兩個月後，老人又回到村莊，告訴村民們，野豬已經被他關在山頂的圍欄裡了。所有人都驚呆了，很奇怪老人是怎麼抓到野豬的。

老人是這樣向村民們解釋他是如何捉到野豬的：「我做的第一件事，就是去找野豬經常出來吃東西的地方，然後在空地上放少許穀粒當誘餌。那些野豬起初不敢靠近，最終還是忍不住出來把誘餌吃掉了，這時我就知道我能捕到牠們了。

「第二天我又多加了點誘餌，並在幾尺遠的地方豎起一塊木板。那塊木板暫時嚇退了牠們。不過白吃的午餐很有吸引力，不久牠們又回來吃了。那些野豬並不知道，牠們已經是我的獵物了。

「此後，我要做的就是每天在誘餌旁邊多釘幾塊木板而已。每次我加進一些東西，牠們就會遠離一陣子，但最後都會再來『白吃午餐』。圍欄做好了，陷阱的門也準備好了，而不勞而獲的習慣使牠們毫無顧忌地走進圍欄。這時我就出其不意地『關上門』，這樣就把牠們捕捉了。」

智慧品人生

瞧，成功是不是有些美妙呢？如同一條通幽曲徑，別有韻味。所以，當你遇到困難時，假如直截了當地解決不能奏效，那就試一試多轉幾個彎，換一種方式吧。

第三章 人在谷底心在天空

人生如波濤洶湧的海水，總有潮起潮落。處在浪尖的時候，要有跌入谷底的準備；跌入谷底時，也要有搏擊高空的勇氣。

相信自己，處在低谷只是暫時的狀態，只是為搏擊更高的天空在積蓄力量。

1．信念決定成敗

信念，是一個人搏擊高空的翅膀！

千萬不要因為身處低谷就自我貶低，忽略了自己直衝雲霄的潛力。

人生如海潮，有潮起就有潮落。處在高處時，要有跌入谷底的準備；處在谷底時，也要有搏擊高空的勇氣和信念。困難和挫折經常讓人自我懷疑：是不是自己能力不夠？或許，這只是你一時的念頭，但是不可忽略的是，不經意間，它已經成了你繼續前進、走向成功的絆腳石。心態決定成敗！

美國一家報紙報導過這樣一件事：有一個名叫邁克．湯普森的人，性格殘暴，酗酒如命，吸毒成癮。由於殺了一名他看不順眼的酒吧侍者，被判終身監禁。在他入獄時，他有兩個只相差一歲的兒子。在後來的成長路途上，兩個孩子的命運發生了很大的變化。

大兒子像父親一樣性格殘暴、吸毒成癮。更為相似的是，他跟他的父親一樣

因殺人被判終身監禁；小兒子卻不一樣，他性格溫和，熱愛生活，既不酗酒也不吸毒。而且他已成婚，並有了三個很可愛的孩子，過著美滿幸福的生活；事業上，他擁有一家屬於自己的公司，是一名功成名就的企業家。

後來一位心理學家得知了這件事，對他們兄弟兩人天壤之別的命運產生了興趣，便訪問了他們。當問及造成他們現在生活狀況的原因時，他們的回答竟然是相同的：「有這樣的父親，我還能有別的辦法嗎？」

心理學家發現，在他們成長的過程中，大兒子和小兒子都覺得有這樣的父親是恥辱的事情。大兒子覺得很自卑，從小沒有交什麼朋友，後來還養成了酗酒的惡習，進而發展為吸毒，最後只能靠盜竊和勒索為生；而小兒子一直想著自己的父親不如別人的父親，自己一定要爭氣，做一個優秀的人，讓其他人刮目相看。而且，從自己的父親身上，他認識到了酗酒和吸毒是致命的惡習，一定要遠離，暴躁也是一個害人的性格，所以他從小就養成了穩重的性格。這也是他以後能做成大事業的重要原因。

生活中總會有很多不如意的地方，就看我們怎麼看待。是一味地沉溺在痛苦和失落中不能自拔，還是以此為鑒、完善自己。困難時別忘了及時調整自己的心態，始終保持積極向上的態度並堅定自己成功的信念。有的時候，人活著就是對信念的支持。

美國作家歐·亨利在他的小說《最後一片葉子》裡講了個故事。病房裡，一個生命垂危的病人從房間裡看見窗外的一棵樹，樹葉在秋風中一片片地掉落下來。病人望著眼前的蕭蕭落葉，身體也隨之每況愈下，一天不如一天。她說：「當樹葉全部掉光時，我也就要死了。」一位老畫家得知後，用彩筆畫了一片葉脈青翠的樹葉掛在樹枝上。

最後一片葉子始終沒掉下來。只因為這片永不掉落的綠葉，給病人增強了活下去的信念，最後竟奇跡般地活了下來。

其實，很多事情，並不是我們不能做、做不到，而是我們缺乏做事的精神動力，缺少樂觀積極的心態和對美好未來的堅定信念。別讓消極、悲觀的心態影響自己，要學會給自己的心灑點陽光。相信自己——我能行！

智慧品人生

不要因為處於人生的低谷，就放棄追趕成功的信念。應始終相信人生如潮，此刻我處在谷底，但是一定能有搏擊高空的那一天。

2．以逸待勞，養精蓄銳

與其硬拼，不如退一步儲備力量，
伺機而動，伺時而發，
表現得不是更像一個有謀略、有眼光的人嗎？

誰說直衝就是勇士的表現，退卻就一定是懦夫的標誌？有勇有謀才是一個智者真正出色的地方。

有一次，秦王嬴政送大將軍王翦出征，送出很遠後，還要再送愛將一程。王翦趕忙再次攔住君主。

「大王，您不要再送了。千里送行終有一別，何況，宮中大臣們都在等著您。」

「好，老愛卿，這次重振我大秦國威的希望，就寄託在你身上了。上次朕沒

有聽你的話，讓李信出戰，結果戰敗而歸，讓我秦國顏面掃地。老愛卿能識大體，顧大局，體諒朕的難處，朕很高興，很感激。」

「大王，您說到哪裡去了，為大王開疆拓土，蕩平天下，是臣的本分。大王，請回吧。」

「老愛卿，那我們就此作別，預祝愛卿馬到成功。」

「多謝大王。」王翦與秦王長揖而別，統率著六十萬大軍直入楚地。

深入楚地後，部下問王翦：「將軍，我們是否要即刻組織進攻。」

「不，傳我的令，全軍進入陣地後的首要任務是構築營壘，然後好好休養。」大軍於是就地紮營，高築營壘，精修工事。不久，楚國調集了所有的軍隊前來對陣，一日數次地派兵到秦軍營前叫陣挑戰。

可是，秦軍高懸免戰牌數月，就是不予理睬。在秦軍營內，士兵們除了例行的操練外，就是吃喝玩睡。王翦還特地讓軍需部門從後方調運了大批牛羊到軍中，宰殺給官兵們享用。不久，秦軍士兵便被養得像一頭頭健壯的公牛了。

王翦閉門不戰的消息終於傳到京城，於是有人到秦王面前告王翦膽怯畏敵。「不要瞎猜想，王老將軍自有破敵良策。」秦王對王翦充滿了信心。果然，不久之後前線的捷報就傳來了。秦軍與楚軍交戰大獲全勝，秦軍還殺死了楚國名將項燕。

原來，王翦使用的是以逸待勞之計。秦軍閉門休戰，養兵休整，以緩解長途跋涉的疲憊，養精蓄銳。而楚軍長時間暴露在秦軍營壘之外，日子一久，一個個精疲力竭，疲憊不堪，不用說交戰，就是不交戰也已堅持不下去了。

楚軍將領被拖得無可奈何，只得率軍撤退，這正是王翦所期待的。一見楚軍後撤，王翦即令秦軍全線進攻。健壯驍勇的秦兵銳不可當，楚軍頃刻間被衝得四散，一潰千里。

就這樣，王翦率領的秦國大軍，輕而易舉地打敗了楚國的軍隊，取得了全勝。

做任何事情都一樣，不能急於求成。退避不一定就是懦弱，而可能是蓄積力量，伺機而動，伺時而發。在最佳的狀態下，抓住最佳時機，一舉取勝，豈不比不看形勢，一味勇拼要明智得多？

智慧品人生

等待時機，展現最佳的狀態，以最完美的方式做好事情，才是智慧之舉。

3．萬丈高樓起於平地

無論做什麼事情一定要從基礎的做起，沒有基礎的東西，是空中樓閣，海市蜃樓。萬丈高樓起於平地，夯實基礎，讓成功穩操勝券。

「不積跬步，無以至千里；不積小流，無以成江海」。一些人常忽略小事情，但做任何事情都需要有基礎積累。萬丈高樓起於平地，夯實基礎，讓成功穩操勝券。

那是發生在十九世紀初的一件事情。一天早晨，英國一家釀酒廠的老闆帶著他的兩個兒子，來到著名科學家道爾頓家裡，懇求道爾頓教這兩個孩子學習科學知識。

道爾頓是位嚴格的老師。剛開始時，他並沒有給孩子們講授物理和化學的原理，而是講了許多數學知識。「講這些枯燥的數學有什麼用？若能講講那些有趣

的電學實驗該多好！」其中，年齡較小、機智活潑的孩子——詹姆斯・焦耳有些不耐煩了。他不明白為什麼道爾頓不教他們物理知識，而是一直在講數學。

好不容易盼到了放假，焦耳和哥哥一起去旅遊。活潑開朗、好奇心強的焦耳做了一些自己很感興趣的「小實驗」。第一次，他找來一匹跛馬，讓哥哥牽著，自己卻悄悄躲在後面，用伏打電池將電流通到馬身上，以試驗動物對電流的反應。結果，跛馬受到電擊狂跳起來，差一點出了事。

第二次，他們划船來到青山環繞的湖上。焦耳決定試試這裡的回聲有多大。他在槍口裡塞入大量的火藥，然後扣動扳機。誰知槍聲大作，「呼」地一聲，噴出一股長長的火焰，燒光了焦耳的眉毛，還把哥哥嚇得差點掉進水裡。

後來，他們又興致勃勃地爬上一座高山。只見遠處濃雲低垂，隱約能看到閃電，然後才聽到隆隆的雷聲。這是怎麼回事？焦耳用懷錶認真記錄下從閃電開始到聽到雷聲的時間。

開學後，焦耳把自己做的實驗都告訴了老師。道爾頓笑了，說：「這些實驗中，只有最後一次你做對了。」他諄諄告誡焦耳，「人們只要掌握了光的速度和聲的速度，就可以從看到閃電到聽到雷聲的時間，推算出閃電發生在多遠的地方。科學研究不光是靠觀察和推斷就能做好的，還需要縝密的邏輯推理和精準的計算。」

焦耳聽了很驚異：「難道枯燥的數學中會藏著這麼多學問？」道爾頓舉了許多例子開導他，真正的科學實驗是不能只觀察現象的，它必須有精密的測量，並用數學知識從測量的資料中總結出規律。

焦耳頓開茅塞，從此，他開始注重理論學習和精密的測量了。經過不懈努力，他終於成為世界聞名的物理學家。

如果說數學是物理學研究的基礎，那麼成功的基礎又是什麼呢？可能只是一個愛追問的小習慣，可能是堅持不懈的精神，也可能是創造性思維的培養。無論做什麼事情一定要從基礎做起，沒有基礎的東西，只是空中樓閣、海市蜃樓。任何事情的成功都離不開堅實的基礎，沒有基礎，是經不起推敲和考驗的，更別說成功了。

智慧品人生

做事情的時候有個大忌，就是急於求成，忽略了基礎的積累，往往造成欲速則不達的結局。不要總想著一蹴而就，靜下心來從小事做起，扎扎實實地走好每一步。

4．「裝死」不等於怯懦

人才是世界上最聰明的動物，善於從動物身上總結規律，並將這一原理巧妙運用到生活中。動物的佯裝死亡經過人類的演繹，則成了在關鍵時刻避免危機的武器。

在中國大陸，很多北方孩子小時候都玩過一種爬在椿樹上的小蟲子，俗稱「猴子」。這些小蟲子很聰明，當牠被人捏在手裡的時候，身體會立刻縮成一團，只留最堅硬的外殼在外面。當你以為牠已經死了，對牠失去興趣時，牠就會死而復活，並趁人不備的時候溜掉，又爬回樹上。

然而，人才是世界上最聰明的動物。人善於從動物身上總結規律，並將這一原理巧妙運用到生活中。

西漢武帝元光六年（西元前一二九年），漢驍騎將軍李廣居然成了匈奴的階下囚。李廣心急如焚：這次匈奴大舉進犯上谷（今河北懷來一帶），來勢凶猛。

漢營準備不足，吃了敗仗，自己被俘不說，看著一個個情同手足的士兵倒在血泊之中，心中真不是滋味啊。

匈奴騎兵們洋洋得意地瞥著他。他們知道，匈奴主單于早聞李廣是員猛將，在雙方大動干戈前就下過命令：「捉到李廣，要活著給我送來。」

李廣在戰鬥中身負重傷，左右肩各被砍了一刀，左臂還被射了一箭，傷口血流如注，臉色慘白。匈奴騎兵撇著嘴譏笑他：「李廣，你可是大名遠揚的飛將軍啊。我們大王要請你喝酒，不吃敬酒就吃罰酒！」李廣緊咬牙關，閉上雙眼，不接話。

匈奴騎兵找來了一個用繩子編織的大網兜，把受傷的李廣放進兜裡，架在兩匹馬中間，拖著走。匈奴騎兵耀武揚威地走了十多里路。一路上，不停地嘲笑李廣。這位一代名將不言不語，緊閉雙眼、佯裝死亡，各種念頭卻在腦中飛速轉動：找準機會，快速逃脫。匈奴騎兵斜視著李廣，發現他早已合上眼皮，便漸漸放鬆了對李廣的監視。

又走了一段路，李廣偷眼斜視，見身旁有一名匈奴騎兵胯下騎著一匹好馬，馬上心生一計：何不施個奪馬脫身之計？

李廣趁顛簸的勁兒突然躍起身子，飛身撲到旁邊那匈奴騎兵身上。說時遲，那時快，李廣順手奪過馬背上匈奴騎兵手中的弓箭。匈奴騎兵尚未反應過來，又重重挨了李廣一拳，翻跌馬蹄之下。

就在匈奴騎兵一片騷動時，李廣一夾馬背，那馬噌地躥出老遠，筆直地向南跑去，一口氣跑出好幾十里。幾百名匈奴騎兵醒過神來，緊追不捨。李廣一邊猛夾馬背狂奔，一邊抽出那奪下的弓箭。弓似滿月，箭似流星，彎弓射出，領頭的匈奴將領被擊中眉心，即時斃於馬下。

匈奴騎兵有些遲疑，放慢了速度：李廣有了弓箭，他可是有名的神箭飛將軍啊。每個人心裡清楚要小心點，別送掉了性命。就這樣，李廣甩掉了匈奴騎兵，死裡逃生。

一代飛將軍李廣不只有「不教胡馬度陰山」的勇猛一面，也會遇到危急並有成為階下囚的時候。大丈夫當能屈能伸，面對危險情況，不妨學學蟲子的裝死，學學飛將軍李廣的能屈能伸，用靈活的方法渡過難關。

智慧品人生

「裝死」不是怯懦，而是能屈能伸的大智慧。當你處於弱勢，不要硬拼，保全自己的實力，伺機而出，才是上上之策。

5．成功沒有想像的難

只要有做的決心，成功早晚會到來，
別把成功想得遙不可及。

在很多人的意識裡，成功是懸梁刺股的勤奮，是誓死拼搏的鬥志。其實不然，別將成功想像得那麼艱難。想要成功，你只需要堅持你想做的，盡力做好你要做的。當遇到困難時，全力克服；遇到難題時，盡力解決便可以了。

從前有一戶人家的菜園擺著一塊大石頭，寬約有五十公分，高有十公分。到菜園的人，不小心就會被它絆倒，不是跌倒就是擦傷。兒子問：「爸爸，那塊討厭的石頭，為什麼不把它挖走？」爸爸回答說：「你說那塊石頭啊？從你爺爺時代一直放到現在了，它的體積那麼大，不知道要挖到什麼時候，與其費力挖石頭，不如走路小心一點，還可以訓練你的反應能力。」

就這樣，這塊大石頭又留到了下一代。當時的兒子娶了媳婦生了孩子也當了

爸爸。有一天他媳婦氣憤地說：「大牛，菜園那塊大石頭，我越看越不順眼，改天請人搬走好了。」大牛回答說：「算了吧！那顆大石頭很重的，可以搬走的話在我小時候就搬走了，哪會讓它留到現在啊？」媳婦心底非常不是滋味，因為那塊大石頭不知道讓她跌倒多少次了。

一天早上，媳婦帶著鋤頭和一桶水，將整桶水倒在大石頭的四周。十幾分鐘以後，媳婦用鋤頭把大石頭四周的泥土刨鬆。媳婦早有心理準備，可能要挖一天或幾天吧，但誰都沒想到她只花幾分鐘就把石頭挖出來了，看看大小，這塊石頭沒有想像的那麼大，人們被石頭巨大的外表矇騙了。

有什麼樣的心態，就會面對什麼樣的世界。任何困難都是紙老虎，生活並沒有我們想像的那樣艱辛。不要因為你苦悶的心情而埋沒了整個美好的世界。

一九六五年，一位韓國學生到劍橋大學主修心理學。喝下午茶時，他常到學校的咖啡廳聽一些成功人士聊天。這些成功人士包括諾貝爾獎獲得者，某些領域的學術權威和一些創造了經濟神話的人。這些人幽默風趣、舉重若輕，把自己的成功都看得非常自然和順理成章。

時間長了，他發現，在國內時，他被一些成功人士欺騙了。那些人為了讓正在創業的人知難而退，普遍把自己的創業艱辛誇大了，也就是說，他們在用自己的成功經歷嚇唬那些還沒有成功的人。

作為心理系的學生，他認為很有必要對韓國成功人士的心態加以研究。一九七〇年，他以《成功並不像你想像的那麼難》為題寫了畢業論文，並呈交給現代經濟心理學的創始人威爾．布雷登教授。布雷登教授讀後，大為驚喜，認為這是個新發現，這種現象雖然在東方甚至在世界各地普遍存在，但此前還沒有人敢大膽地提出來並加以研究。

驚喜之餘，他寫信給當時正坐在韓國政壇第一把交椅上的人——朴正熙。他在信中說：「我不敢說這篇文章對你有多大的幫助，但我敢肯定它比你的任何一個政令都更能產生震動。」後來該文果然一直伴隨著韓國的經濟起飛。

該文鼓舞了許多人，因為它從一個新的角度告訴人們，成功與「勞其筋骨，餓其體膚」「三更燈火五更雞」「懸梁刺股」沒有必然的聯繫。只要你對某一事業感興趣，長久地堅持下去就會成功，因為上帝賦予你的時間和智慧能夠助你圓滿做完一件事情。

後來，這位青年也獲得了成功，他成了韓國泛業汽車公司的總裁，用自己的親身經歷證明了他觀點的正確。

如果你還在為自己何時成功、如何才能成功而苦惱，那麼請停止吧。試著去做，只要堅持自己的立場，只要腳踏實地，成功自然會來敲門。成功沒有訣竅，成功更不可怕。

智慧品人生

試著搬走壓在你心頭的頑石，你會發現成功並不像我們想像的那樣困難。有時候不是我們的能力不夠，也不是我們的毅力不夠，而是我們被自己心中的頑石壓住了。成功，需要的是足夠的信心和堅持成功的信念。

6．扮豬吃虎的妙招

面對強勁的對手，在其面前，盡量把自己的「大智」收斂，「若愚」到像豬一樣。

因為，裝笨說不定是更好的取勝妙招。

三十六計中有一計為「扮豬吃虎」，是說獵人要捉老虎，在無法力擒的時候，就裝扮成一隻豬，並學豬叫，把老虎引出來，待老虎走近時，出其不意，猝然向牠襲擊。突擊的結果是，虎縱然不死也會帶傷。

以此策略施於強勁的對手，一樣可以奏效。在其面前，盡量把自己的「大智」收斂，「若愚」到像豬一樣，表面上百依百順，臉上微笑，嘴邊抹油，裝出一副為奴為婢的卑躬樣子，使他對自己不起疑心，一旦時機成熟，再採取相應的措施。

袁世凱竊取政權之後，妄圖稱帝的野心暫時不露，蔡鍔此時對他還抱有很大的幻想。當時，就連梁啟超也被袁世凱蒙蔽了，擔任起了司法總長。

棄筆從戎的蔡鍔當時被推舉為雲南軍政府都督。由於雲南地處邊陲，蔡鍔感到難以施展抱負，便給梁啟超寫信，希望調出雲南。而袁世凱對擁有很強軍事實力的蔡鍔始終存有戒心，蔡鍔有此念頭，正中袁世凱的下懷，所以發布命令將其調到北京。

蔡鍔到京後，袁世凱只委任蔡鍔一大堆虛銜，並暗中對其嚴加監視。同時，袁世凱企圖登基稱帝的陰謀正在緊鑼密鼓地進行，這使蔡鍔的幻想徹底粉碎。蔡鍔多次悄悄乘火車到天津，與梁啟超等人祕密集會，商量抵制袁世凱稱帝活動。他們設定的方案是：一旦袁世凱公開稱帝，雲南立刻宣佈獨立，然後依靠雲貴及廣西的力量攻下四川、廣東，爭取三、四個月後在湖北會師，「定鼎中原」。

此後，蔡鍔積極準備，同時製造種種假象迷惑袁世凱。他把自己裝扮成一個浪蕩之徒，打麻將、喝花酒、逛妓院，與雲吉班的妓女小鳳仙整日廝混。蔡鍔家在棉花胡同，妻子、母親都在身邊，對他日後逃出北京十分不利。於是他有意利用和小鳳仙的關係，製造家庭不和的輿論，甚至請袁世凱的親信為自己找房子，聲稱要「金屋藏嬌」。同時，他還經常公開和妻子吵架，妻子趁勢帶著母親回了湖南，這就解除了蔡鍔的後顧之憂。袁世凱得知情況後，覺得蔡鍔墮落成性，不足為慮，戲稱他為「風流將軍」。

在袁世凱放鬆了警戒的情況下，蔡鍔在其留日時的同學曾鯤化的幫助下，著手準備逃出北京。一九一五年十一月十一日，蔡鍔和小鳳仙到中央公園的今雨軒飲茶，跟蹤他的密探裝成遊客，就坐在不遠處的茶桌上。少頃，蔡鍔假裝去上廁所，密探見其衣物全留在原地，料他不會走遠。豈知蔡鍔直奔府右街曾鯤化家中，男扮女裝，由曾家的廚師和馬夫用轎子抬到崇文門火車站，登上直達天津的專車。

蔡鍔到天津後不久便乘運煤船東渡日本，經上海、香港、河內，沿途躲過數次暗殺，歷盡艱險，於十二月十九日返回了自己的大本營雲南。當袁世凱得知消息後，不由得仰天長歎：我一生騙人，不料竟被蔡松坡騙過了！

就在蔡鍔到達雲南當天，袁世凱下令成立登基大典籌備處。二十五日，雲南成立軍政府，正式宣佈獨立。一九一六年一月一日，袁世凱登基。蔡鍔親率第一軍主力入川作戰，戰績輝煌。在梁啟超的積極周旋下，各省紛紛豎旗倒袁。三月二十二日，袁世凱被迫宣佈取消帝制，並於六月六日暴死。

蔡鍔利用偽裝，掩藏起真實意圖，從而巧妙地逃出了北京，不僅保全了自己，還有效地打擊了袁世凱的稱帝企圖。必要的時候，偽裝的迂迴戰術是放鬆對手警戒心的良方妙藥，可見戰術戰略在競爭中是多麼重要。

智慧品人生

面對危險的境地，以退為進保全自己的實力才是最好的選擇。假裝出來的「退」是為了麻痺你的對手。保存好實力，才可以東山再起。當退時退，才是英雄所為。當退則退，當進方進，進退自如，成功才更自如。

7．重複做最簡單的事

成功，有的時候需要有耐得住寂寞的努力。

成功貴在持之以恆，將一件事情重複做，量的積累一定會引起質的變化。

蘇軾云：「古之成大事者，不唯有超世之才，亦必有不拔之志。」成功，有的時候需要有耐得住寂寞的努力。所做之事不一定驚天動地，但只要一步一個腳印，踏實地做，也能取得成功。

古希臘大哲學家蘇格拉底有很多學生。一次，學生們問他：「怎樣才能有像您一樣的智慧呢？」蘇格拉底笑笑說：「今天我只教你們一個最簡單也最容易做的事情。每人把胳膊盡量往前甩，然後再盡量往後甩。」蘇格拉底邊說邊示範一遍。「從今天開始，每天做三百下。大家能做到嗎？」

學生們都笑了，這麼簡單的事有什麼做不到的？過了一個月，蘇格拉底問學生們：「每天甩手三百下，哪些同學堅持了？」有九成的同學驕傲地舉起了手。

又過了一個月，蘇格拉底又問，這回，堅持下來的學生只剩下八成。

一年過後，蘇格拉底再一次問大家：「請告訴我，最簡單的甩手運動，有哪幾位同學堅持了？」這時，整個教室裡只有一人舉起了手。這個學生就是後來成為古希臘另一位大哲學家的柏拉圖。

世間最容易的事是堅持，最難的事也是堅持。成功在於堅持，這是一個並不神祕的祕訣。成功的人也許並不比別人更聰明，也不是有更好的機遇，關鍵在於他們能夠堅持。耐得住人生的寂寞，默默地堅持，最終方能成就大事。

有一位著名的推銷大師，即將告別他的推銷生涯。應行業協會和社會各界的邀請，他將舉行一場告別職業生涯的演說。

那天，會場座無虛席，人們熱切地等待著那位當代最偉大的推銷大師做精彩的演講。大幕徐徐拉開，舞台的正中央吊著一顆巨大的鐵球。為了這顆鐵球，台上搭起了高大的鐵架。

推銷大師在人們熱烈的掌聲中走了出來，站在鐵架的一邊。他穿著一身紅色的運動服，腳下穿一雙白色膠鞋。

人們驚奇地望著他，不知道他要做出什麼舉動。

這時兩位工作人員抬著一個大鐵錘放在推銷大師的面前。主持人這時對觀眾講：「請兩位身體強壯的人到台上來。」好多年輕人站起來，但轉眼間已有兩名動作快的跑到台上。

推銷大師這時開口和他們講規則，請他們用這個大鐵錘，去敲打那個吊著的鐵球，直到把它盪起來。

一個年輕人搶著拿起鐵錘，拉開架勢，掄起大錘，全力向那吊著的鐵球砸去，但那鐵球動也沒動。他就用大鐵錘接二連三地砸向鐵球，很快他就氣喘吁吁了。

另一個人也不示弱，接過大鐵錘把鐵球打得叮噹響，可是鐵球仍舊一動不動。

台下逐漸沒了吶喊聲，觀眾好像認定那是沒用的，就等著推銷大師做出解釋。

會場恢復了平靜，推銷大師從上衣口袋裡掏出一個小錘，然後認真地面對著那個巨大的鐵球，用小錘對著鐵球「咚」地敲了一下，然後停頓一下，再用小錘「咚」地敲了一下。人們奇怪地看著，推銷大師就那樣敲一下，然後停頓一下，一直持續地做著。

十分鐘過去了，二十分鐘過去了，會場早已開始騷動，有的人乾脆叫罵起來，人們用各種聲音和動作發洩著他們的不滿。推銷大師仍然一小錘一小錘不停地敲著鐵球，好像根本沒有聽見人們在喊叫什麼。人們開始憤然離去，會場上出現了大塊大塊的空地。留下來的人好像也喊累了，會場漸漸地安靜下來。

大概在推銷大師敲了四十分鐘的時候，坐在前面的一個女人突然尖叫一聲：「球動了！」剎那間，會場立即鴉雀無聲，人們聚精會神地看著那顆鐵球。那球已慢慢地擺動了起來，不仔細看很難察覺。

推銷大師仍舊一錘一錘地敲著，鐵球在一錘一錘的敲打中越盪越高。最終，它拉動著那個鐵架子「嘎嘎」作響，它的巨大威力強烈地震撼著在場的每一個人。

場上，突然爆發出一陣熱烈的掌聲。在人們的掌聲中，推銷大師終於開口了：「這就是我演講的全部，成功不過就是把簡單的事情重複做，就這樣而已，那些離去的人永遠也不會懂得這個道理。」

一個簡單的動作在重複了無數次後，終於見到了效果。我們苦苦掙扎在人生路上，不正是這樣嗎？耐住性子，將簡單的工作重複做，有一天一定會有奇跡般的效果出現。

智慧品人生

移山填海不一定非要有天生的神力，而是應有愚公移山的鍥而不捨的精神。生命中不缺少超凡的才華和自視甚高的高傲，缺少的是耐得住寂寞的奮鬥。

8・學會退一步，才能擁抱更多

人生的抉擇更像一場足球比賽，
戰術的改變決定的可能是比賽的輸贏。

有人曾經說：「人生猶如登山，當你征服了一個高度時，你便擁有了更廣闊的視野，就有了更遠大的理想和志向，同時也有了新的目標。」這句話說得很好，但需要補充一點：不斷征服新的高度固然好，但如果能夠學會在適當的時候後退一步，說不定面前的道路會更寬廣，會擁抱到更多收穫，你便有了更多，乃至更好的選擇。

小美兩年前從大學畢業後便到台北找工作。她在各人力銀行不停地投履歷、參加面試後，終於找到了一份祕書的工作。她工作一直很努力，深得老闆的肯定，在公司的人緣也不錯。

剛開始，小美很滿意這種朝九晚五的上班生活。週末沒事的時候可以遊走在台北的大街小巷，每天的日子也算過得有聲有色。

半年後，小美開始有點迷茫，在參加完大學同學的聚會後，她更加肯定了這種迷茫源於對現有生活的不滿，可想想覺得在工作上老闆很賞識自己，還說要把自己培養成公司的骨幹，還有什麼不滿意的呢？再說自己只畢業於一般的私立大學，雖然學的是電腦專業，可在學校並沒有學到什麼，又能做些什麼工作呢？雖不滿意，但是目前總能養活自己，不至於流落街頭啊！

小美想再次走進學校，多學點知識，她把想法告訴了周圍的一些朋友，才發現大家都有跟自己一樣的念頭，可誰都不願去冒風險。最近這幾年大學畢業找不到工作的大學生滿街都是，再去念書還得交一筆昂貴的學費，自己可不能再向家裡要錢了。小美滿懷憂愁地想著。

時間一天天過去，城市快速發展的腳步不會因為小美的煩惱而停留片刻。

在一年後的第二次大學同學聚會上，小美告訴她的朋友，半年前她謝絕了公司老闆的挽留，從公司辭職。她一邊攻讀碩士在職專班，一邊在某家數一數二的證券集團工作，目前還被派到旗下一個銀行工作。她已經做好了今後的職業規劃，準備將來作理財規劃諮詢師，完成自己職業生涯的完美轉折。

聚會上小美說話時露出了幸福表情，眼神發亮，手舞足蹈，志得意滿。可是很少有人知道，她光彩的背後充滿艱辛。當初小美剛辭職的時候，交完了學費，積蓄已所剩無幾，由於專業的轉變，她不得不投入全部精力進行專業學習，有一段時間生活過得很拮据，但她精神上很富有。

就這樣，小美朝著她的完美生活奔去了。如果當初小美沒有「退」進學校給自己「充電」，如果當時小美捨不得那份能勉強養活自己的工作，沒有再次的失業，或許現在她還在辦公室裡想著每天的柴米油鹽呢！

人生的際遇很奇妙，人生的抉擇更像一場足球比賽，戰術的改變或許會改變全局！關鍵在於，我們是否有勇氣拋下現有，讓自己退一步。其實，人有時候需要學會退一步，才能擁抱更多！

智慧品人生

人的一生，會遇到各種各樣的困難和問題，但並不是每一次都需要我們有迎難而上的衝勁，偶爾的迂迴也許會讓我們發現異樣的精彩。

9．保持沉著冷靜的心態

困難面前，不要驚慌，

困難有時並非我們想像得那麼艱難，

就看我們是否能夠沉著面對。

作為困難的局外人，每個人都會說出自己的想法和解決措施，言語輕鬆甚至頗為自信。但是真的身處困境時，你還能冷靜如常、應對自如嗎？

西元一九〇年（東漢獻帝初平元年）冬天，吳郡富春人孫堅（孫權的父親）準備出兵攻打專權的董卓，替天行道。

兵馬未動，糧草先行。孫堅籌劃派長史公仇稱去押運糧草。時值隆冬，天寒地凍，外出押運糧草真是太辛苦了。為此，孫堅特意在魯陽（今河南魯山）城東門外拉起帳幕，擺下酒席，歡送公仇稱。

誰知，正在這時，董卓的步兵騎兵幾萬人突然開到魯陽城前，把魯陽城從周邊圍了個水泄不通，擺出一副馬上要攻城並志在必得的模樣，軍情十萬火急。

大敵當前，眾官員驚慌失措，惶恐地看著孫堅；孫堅似乎沒看到大家的焦急之色，依舊跟將領們對飲說笑。他還特意走到公仇稱面前，舉起酒杯微笑祝賀：「長史，如今冰凍三尺天，此行多有辛苦，我敬你三杯，就算我敬的暖肚酒，祝君一路平安！」孫堅若無其事、談笑自如。

他一邊暢飲，一邊暗暗吩咐將領：「整好隊伍，不要亂動！」董卓的人馬越聚越多，孫堅這時才擱下酒杯，停止飲酒。他緩緩站直身子，揮手示意部隊有秩序地列隊返回城內。

董卓的官兵看到這一幕情景，心中倒沒底了：大敵當前，這孫堅還說說笑笑，隊伍不亂，天下哪有這種事？準有埋伏。他們沒敢攻打城池，竟如潮水般沿原路退回去了。

事後，一起跟孫堅飲酒的將領們問：「孫將軍，您真是胸藏百萬雄兵！我們快嚇破膽了！」孫堅笑了：「剛才，我沒急著站起來跑回城裡，全為了穩定士兵情緒。這關鍵時刻，士兵的眼睛全盯著將帥，我一慌，士兵肯定要大亂，就會爭相逃跑、互相踐踏、堵塞道路。這樣的話，你們各位也沒法退到城裡，哪能再有機會喝酒呢？來，再擺酒宴，我們大家還得為長史敬杯酒。」

「對！對！再敬一杯送行酒！」眾將官齊聲高喊。孫堅開懷大笑，談笑風生：「剛才給董卓手下不知趣的兵將掃了我們的酒興，現在補上！」

孫堅面對危機，仍舊談笑風生，假如他自己先亂了陣腳，想必早已被董卓的軍隊打個落花流水了。可見，沉著、冷靜是多麼重要。

碰到麻煩，慌亂是面對，冷靜也是面對，那麼倒不如選擇冷靜應對，這樣才能更好地找到解決問題的辦法。

智慧品人生

遇到困難切不可自亂陣腳，只要不失去應對的勇氣，沉著冷靜，總會有解決的辦法。即使註定是失敗的結果，也不妨想一下，怎樣才能把損失減到最小，怎樣才能有一絲獲勝的希望。

10・停下來欣賞生命的美

人生之路，就是不斷地行走，不斷地駐足。

行走的時候，竭盡全力，追尋夢想；

駐足的時候，盡情釋放，欣賞生命的美麗。

人，為什麼活著？你曾在心底問過自己這個問題嗎？我們的人生目標是什麼？實現了目標為的又是什麼？關於人生的話題，我們一直在思考。有人說人生需要拼搏，但是拼搏的結果是什麼呢？是戰勝別人，還是累垮自己呢？

有個好萊塢的歌王，曾經反省他的生活，並感慨地說：「當我年輕的時候，急急忙忙地爬到山頂上，就像參加賽跑的馬，帶著眼罩拚命往前跑，除了終點的白線之外，什麼都看不見。我的祖母看見我這樣忙，很擔心地說：『孩子，別走得太快，否則你會錯過路上的好風景！』我根本不聽她的話，心想：一個人，既然知道要怎麼走，為什麼還要停下來浪費時間呢？

「我繼續往前跑，一年年過去了，我有了地位，也有了名譽、財富和一個溫暖的家。可是，我並不像別人那樣快樂，我不明白我做錯了什麼？

「直到有一次，我和一個歌舞團在城外表演，我是主角，表演結束時，觀眾的掌聲久久不停。這一次的表演很成功，我們都很高興。可是這時候，有人遞給我一份電報，是我的妻子發來的，說我們的第四個孩子出生了。這時我才明白，我的生命中缺少什麼。

「突然，我覺得很難過，每一個孩子出生我都不在家，我的妻子獨自承擔養育孩子的責任。我從來沒看過孩子們走第一步路的樣子，他們天真地哭、笑，我都沒見過，只有從他們的母親那裡知道一些情況。當時我想起了祖母對我說的話……

「的確，我和朋友也疏遠了，我好久沒摸書本，也好久沒機會看看花園裡的樹木了。我曾經答應和妻子一起去度假，卻總因為忙碌而取消。我現在才體會到這些平凡生活中的風景是多麼可貴。」

這位歌王的反思，給了人們深深地啟發。我們的生活到底是為了什麼呢？終日忙忙碌碌，取得各種各樣的成績，這樣我們的人生就完滿了嗎？

一位哲學家說：「單憑思想而不勞動，當然不能生活，但一生像機器一樣不停地轉，那更加沒有意義。」我們不必把每天的時間安排得緊緊的，總要留下一點空閒來欣賞一下四周的好風景，作一作自己的主人，這才是重要的事。

想走的時候就走，想停的時候就停，隨心所欲地去發現生活中的樂趣，將會擁有很多值得珍惜的東西。既然我們有機會來到這多姿多采的世界，就應該像一個旅行家，不只要跋山涉水，走完我們的旅程，更要懂得欣賞、流連嬉戲。

行走在人生的旅途中，當你累了，請停下腳步歇一歇，好讓靈魂跟上生活前進的腳步。

智慧品人生

終日忙忙碌碌地生活，只能成為生活的過客，並不能從生命中得到樂趣。生活的主人應該是時不時停下來享受美好生活的人。人生之路，應該是走走停停的，而不是馬不停蹄地奔波。

第四章　把缺陷轉化成優勢

一位雙目失明的學生抱怨：「我這麼聰明，為什麼上帝讓我看不見呢？」

老師開導他：「世上每個人都是被上帝咬過一口的蘋果，都是有缺陷的。有的人缺陷比較大，是因為上帝特別喜愛他的芳香。你雖然看不見，但是你的聰明才智一定能讓你成功！」

你相信嗎？其實你也是一個被上帝咬過的蘋果……

1．不幸，也是上帝的一種恩賜

用積極的心態正視你的不幸吧，
命運的不幸，換來的往往是生命的精彩。
因此，不幸，也是上帝的一種恩賜。

你相信嗎？世界上有些人在出生之前就被上帝咬過一口，因為他們是那樣的完美，以至於上帝太喜歡，忍不住咬了他們一口。越是香甜的蘋果，上帝越狠狠地咬。如果你正在歎息自己命運多舛，那麼請不要埋怨上帝咬了你一口，因為你太誘人了。

世界文化史上有著名的三大怪傑，文學家彌爾頓是瞎子，大音樂家貝多芬是聾子，天才小提琴演奏家帕格尼尼中年後成了啞巴，如果用「上帝咬蘋果」的理論來推理，他們也都是由於上帝特殊喜愛，被狠狠地咬了一大口的緣故。

就說帕格尼尼吧，四歲出麻疹，險些喪命；七歲患肺炎，差點夭折；四十六

歲，牙齒全部掉光；四十七歲視力急劇下降，幾乎失明；五十歲又成了啞巴。上帝這一口咬得太重了，可是也造就了一個天才小提琴家。

帕格尼尼三歲學琴，即顯天分；八歲已小有名氣；十二歲舉辦首次音樂會即大獲成功。之後，他的琴聲幾乎響遍世界，擁有無數的崇拜者。他在與病痛的搏鬥中，用獨特的指法弓法和充滿魔力的旋律征服了整個世界。著名音樂評論家勃拉茲稱他是「操琴弓的魔術師」，歌德評價他「在琴弦上展現了火一樣的靈魂」。

有人說，上帝像精明的生意人，給你一分天才，就搭配幾倍於天才的苦難。這話真不假。

當你遇到不如意時，不必怨天尤人，更不能自暴自棄，最好的辦法，就是自勵自慰：我們都是被上帝咬過的蘋果，只不過上帝特別喜歡我，所以咬的這一口更大些罷了。

「我的手指還能活動；我的大腦還能思維；我有終生追求的理想；我有愛我和我愛著的親人與朋友；對了，我還有一顆感恩的心……」誰能想到，這段豁達而美妙的文字，竟是出自一位在輪椅上生活了三十餘年的世界科學巨匠霍金先生之手！

一次，在學術報告結束之際，一位年輕的女記者不無悲憫地問：「霍金先生，你的病將你永遠固定在輪椅上，你不認為命運讓你失去太多了嗎？」面對這個有些突兀和尖銳的提問，霍金顯得很平靜，臉上依然帶著微笑，他用那根還能活動的手指，艱難地敲擊鍵盤，打下了上面的那段文字。

對霍金來說，命運對他可謂是苛刻的：他口不能說，腿不能站，身不能動，他失去了許多常人擁有的最基本的生存條件。可霍金仍感到自己很富有，比如：一根能活動的手指、一個能思維的大腦……這些，都讓他感到滿足並對生活充滿了感恩。

每個人都是被上帝咬過的蘋果，只因上帝特別喜愛某些人的味道，所以才對他咬得特別重。霍金就是這樣一個蘋果，上帝給了他殘缺的肢體，卻讓他擁有光彩四溢的靈魂。

懷著一顆感恩的心去看待命運，去看待自己的不幸，你會發現你是很榮幸的，因為你用命運的不幸換來的是生命的精彩。細細品味它吧！你會發現自己是那麼的與眾不同，那麼的芳香沁人。

智慧品人生

始終相信上帝是公平的，因為你太優秀了，所以才被狠狠地咬了一口。不要為自己身體上的缺陷而歎息，因為你的芳香足夠遮蓋你的缺陷。

2・失去是某種收穫

為什麼不去重新審視身邊的困難？
也許你會發現上帝給你的困難才是對你的眷顧。

當你面臨困難和挫折的時候，是否曾怨天尤人，是否有想要放棄的念頭，是否寄希望於老天的恩賜和眷顧？可是為什麼不去重新審視身邊的困難，也許你會發現上帝給你的困難才是對你的眷顧。

有一個十歲的小男孩，熱愛柔道，一心想要拜師學習。不幸的是，他在一次車禍中失去了左臂，小男孩很傷心，但是他並沒有因此失去生活的信心，依舊很想學柔道。

經過家人的努力，最終，小男孩拜了一位日本柔道大師作師傅，開始學習柔道。他學得非常認真刻苦，可是練了三個月，師傅只教了他一招，小男孩有點不明白師傅為什麼要這樣做。但他還是堅持按著師傅的教導去練習。

又過了一段時間，他終於忍不住發問：「我是否應該再學學其他招數？」

師傅回答說：「不錯，你的確只會一招，不過你只需要會這一招就夠了。」

小男孩仍舊不是很明白，但他很相信師傅，於是就繼續照著師傅的教導練了下去。

幾個月後，師傅第一次帶小男孩去參加比賽。小男孩沒有想到自己居然能輕輕鬆鬆地贏了前兩輪。第三輪稍稍有點艱難，但對手很快就變得急躁，並連連進攻，小男孩敏捷地施展出自己的那一招，又贏了。就這樣，小男孩順利地進入了決賽。

決賽的對手比小男孩要高大、強壯許多，也似乎更有經驗。小男孩一度顯得有點招架不住，裁判擔心小男孩會受傷，就叫了暫停，並打算就此終止比賽，然而師傅不答應，堅持說：「繼續下去！」比賽重新開始後，對手放鬆了戒備，小男孩立刻使出他的那一招，制服了對手，由此贏了比賽，得了冠軍。

回家的路上，小男孩和師傅一起回顧每場比賽的所有細節，小男孩終於鼓起勇氣道出了心裡的疑問：「師傅，我怎麼憑一招就能贏得冠軍呢？」

師傅答道：「有兩個原因：第一，你基本掌握了柔道中最難的一招；第二，據我所知，對付這一招唯一的辦法就是抓住你的左臂，可是你沒有了左臂。孩子，有的時候，人的劣勢未必就是劣勢，可能反而成了優勢。」

在人生的路途上，人人都不可能一帆風順，而困難並不是一件壞事。停止無謂的怨天尤人，冷靜地去審視自身的條件，才能發現上帝對你的眷顧不在於給你的幫助，而是祂所給你的困難。困難、挫折往往更能成就一個人的前途。不要辜負了上帝的美意，勇敢地直視困難吧！

智慧品人生

上帝總是公平的，在給你關上一扇門的同時，一定會為你打開一扇窗。冷靜地審視自己，你會發現你的劣勢可能就是你的優勢，關鍵在於你是怎麼看待自己，怎樣看待生活的。

3·有點阿Q精神

心態是一枚放大鏡。

看痛苦，痛苦則大；看幸福，幸福則大。

你打算用手裡的放大鏡看痛苦還是幸福？

有些人在形容自己的生活時，經常會說一句話：「比上不足，比下有餘。」我們不難看出其中的樂觀情緒。同樣的生活，如果你非要和比你生活富裕的人比，你就會覺得自己的生活不夠幸福，從而打擊了對生活的積極性。

我們應該學會跟不如自己的人比較，這不是幸災樂禍，而是在為自己的心裡製造一種幸福的因素。也許你會反問，這豈不是阿Q精神嗎？其實，阿Q精神未必就是麻木、自欺的表現，它恰恰是我們獲取樂觀心態的一種良方。只是在自我鼓舞的時候別忘了奮力前行。

有這樣一則故事：

一個窮人與妻子、六個孩子，還有兒子媳婦，共同生活在一間小木屋裡。局促的居住條件讓他感到活不下去了，便去找智者求救。他說：「我們全家這麼多人只有一間小木屋，整天爭吵不休，我的精神快崩潰了，我的家簡直是地獄，再這樣下去，我就要死了。」智者說：「你按我說的去做，情況會變得好一些。」

窮人聽了這話，當然是喜不自勝。智者聽說窮人家還有一頭奶牛、一隻山羊和一群雞，便說：「我有讓你解除困境的辦法了，你回家去，把牛、羊、雞帶到屋裡，與人一起生活。」窮人一聽大為震驚，但他事先答應要按智者說的去做，只好依計而行。

過了一天，窮人滿臉痛苦地找到智者說：「你給我出的什麼主意？事情比以前更糟，現在我家成了十足的地獄，我真的活不下去了，你得幫幫我。」智者平靜地說：「好吧，你回去把那些雞趕出屋子就好。」

過了一天，窮人又來了，他仍然痛不欲生，哭訴說：「那隻山羊撕碎了我屋裡的一切東西，牠讓我的生活如同噩夢。」智者溫和地說：「回去把山羊牽出屋子就好了。」

過了幾天，窮人又來了，他還是那樣痛苦，說：「那頭奶牛把屋子搞成了牛棚，請你想想，人怎麼可以與牲畜同處一室呢？」

「完全正確。」智者說，「那你趕快回家，把牛牽出屋去！」

過了半天，窮人找到智者，他是一路跑著來的，滿臉紅光，興奮難抑，他拉住智者的手說：「謝謝你，你又把甜蜜的生活給了我。現在所有的動物都出去了，屋子顯得那麼安靜、那麼寬敞、那麼乾淨，你不知道，我有多麼開心！」

從此以後，不僅是那個窮人，家裡的其他人也覺得自己的生活非常的美好。他們不再為一點點小事而爭吵了，而是相互關愛，維繫著他們幸福的家庭。生活在愉快的家庭氛圍中，大家工作的心情也就好了。

不久，通過他們一家人共同的努力，生活開始好轉，換上了大房子，漸漸地有了不少積蓄。但是他們不願意分開過日子，因為他們已經知道珍惜一家人在一起的生活。

生活就是這樣，不同的心態、不同的欣賞方式，看到的結果必然不同。如果學會用樂觀的心態、欣賞的目光面對生活，你會發現生活中有很多你從未注意過的美好。其實你的生活也是很美好，只要你學會變化角度欣賞它。

智慧品人生

不要整日因為對生活不滿而抱怨。這不是你上進努力的理由。變換思維和角度，用獨到的眼光欣賞你的人生，才能發現生活中原本很美好的事物。而這種積極樂觀的心態，也會成為你更好地努力和進步的原動力。

4．仰望星空，腳踏實地

往往成就大事的人是那些「沒有」宏圖大志的人，他們能夠憑藉自己的毅力成就一番事業。

一些自認為自己才華橫溢的人，不願彎腰屈就小事，認為自己的才華應該在重要的位置和事情上發揮作用。而另外一些人則願意腳踏實地，認認真真地做好手邊的每一件事情。他們很少暢談所謂的「宏圖大志」，而是憑著毅力和實幹成就一番事業。

松下電器產業株式會社的創始人松下幸之助，被人們譽為「經營之神」。出身貧寒的他，年輕時到一家電器工廠去謀職，這家工廠人事主管看著面前的小夥子衣著骯髒，身體又瘦又小，覺得不理想，信口說：「我們現在暫時不缺人，你一個月以後再來看看吧。」

這本來是個推辭，沒想到一個月後松下真的又來了，那位負責人又推託說：

「有事，過幾天再說吧。」隔了幾天松下又來了，如此反復了多次，主管只好直接表明自己的態度：「你這樣髒兮兮的是進不了我們工廠的。」於是松下立即回去借錢買了一身整齊的衣服穿上再來面試。負責人看他如此實在，只好說：「關於電器方面的知識，你知道得太少了，我們不能要你。」

不料兩個月後，松下再次出現在人事主管面前：「我已經學會了不少有關電器方面的知識，您看我哪方面還有差距，我一項項來彌補。」這位人事主管緊盯著態度誠懇的松下看了半天才說：「我幹這一行幾十年了，還是第一次遇到像你這樣來找工作的。我真佩服你的耐心和韌性。」

松下幸之助這種不輕言放棄的精神打動了主管，他得到了這份工作。並通過不斷努力，創建了松下電器產業株式會社，逐漸成為電器行業的非凡人物。

做事情的時候，應該從高處著眼，成就自己的事業以及人生規劃，這是我們努力奮鬥的一個方向和目標，對做具體事情具有統帥的高度。但從高處著眼的同時，還需要我們從低處入手，腳踏實地地做好每一件小事。只看高，不看低，急於求進很有可能誤入歧途。

智慧品人生

生活中不需要高談闊論，而是需要勤勤懇懇踏實地工作。以認真執著的態度去面對生命中的每一次失敗，從中吸取教訓，才能一步步地通向成功。選好自己的路，腳踏實地，才能幫你走向成功。

5．給自己一個合理的「定價」

很多時候不是我們不夠優秀，
只是我們的優點都被自己的自卑心理給埋沒了而已。

人們常說自信的女人最美麗，其實男人也一樣，很多時候不是你不夠優秀，只是你沒有挖掘自己的優點，甚至用自卑的心理將它埋沒了。所以，你首先需要做的可能不是讓自己變得更優秀，而是學會發現、尋找自己的優秀。

有這樣一則寓言：

有一天，一隻鴕鳥與一隻麻雀相遇，於是牠們聊起天來。

「我們鴕鳥算是鳥類的巨無霸，是世上最強大的鳥。」鴕鳥自豪地說。

麻雀打量了鴕鳥一眼，不緊不慢地說：「你只管為你身體的高大強壯自豪好了，可是與你相比起來，小小的我更算得上是一隻鳥。」

「難道我長得高大不好嗎？難道我不是鳥嗎？」鴕鳥斥問道。

「你會飛嗎？你雖然高大無比，也叫做『鳥』，但是你卻不能飛，這難道不是一個悲劇嗎？」麻雀反問鴕鳥，然後自豪地飛走了。

鴕鳥低下頭，開始思考麻雀的話：自己連飛都不會，真的不能算是一隻鳥。從此，鴕鳥變得鬱鬱寡歡，再也不敢炫耀自己的高大了。

其實，鴕鳥也好麻雀也罷，都有自己的優點。麻雀有麻雀的靈巧，鴕鳥有鴕鳥的高大。何必拿自己的缺點去比別人的優點？

正視自己，你會發現你有很多別人沒有的優點，肯定自己的價值、發現自己的優勢，自信地去做事，才能獲得更多的成功機會。

在非洲，一個部落酋長有三個女兒，前兩個女兒既聰明又漂亮，都是被人用九頭牛作聘禮娶走的。在當地，這是最高規格的聘禮了。可是第三個女兒到了出嫁的時候，卻一直沒有人肯出九頭牛來娶，原因是她非但不漂亮，還很懶惰。

後來一個遠方來的遊客聽說了這件事，就對酋長說：「我願意用九頭牛來換你的女兒。」酋長非常高興，就把女兒嫁給了外鄉人。

過了幾年，酋長去看自己遠嫁他鄉的三女兒。沒想到，女兒變成了一個氣質脫俗的漂亮女人，而且能親自下廚做美味佳餚來款待他。酋長很震驚，偷偷地問女婿：「難道你是巫師嗎？你是怎麼把她調教成這樣的？」女婿說：「我沒有調教她，我只是始終堅信你的女兒值九頭牛，所以她就一直按照九頭牛的標準來做事，就這麼簡單。」

酋長心中暗暗慚愧。其實小女兒之所以沒有像另外兩個女兒那麼優秀，不是因為她資質差，而是這麼多年來，他太關注那兩個優秀的女兒，而忽略了這個最小的女兒，沒有給她足夠的關懷，更沒有給她足夠的鼓舞建立足夠的自信。

心理暗示的作用非常神奇，在我們生活的各個方面也是一樣。可能大多數的人都沒有酋長的第三個女兒那麼幸運，遇到懂得用九頭牛來娶她的人。那麼我們為什麼不能給自己標一個「九頭牛的價格」呢？相信自己，其實你也值九頭牛的價格！

智慧品人生

每個人的心中對自己都有一個「定價」，但是定的標準卻不一樣。不要總是用別人的眼光為自己定價，因為沒有人比你更瞭解自己，只有你知道你身上到底有多少寶藏。

6．做好哪怕是最卑微的事情

當你能夠俯身做好任何一件卑微的事情，就具備了成功最優秀的品質。

「一屋不掃何以掃天下？」

很多人總是抱怨自己沒有遇到好的機遇施展才能，但是你一定明白小中見大的道理，小事情都做不好，更何況大事情呢？這種情況在很多年輕人身上體現得非常明顯。

在日本，曾發生過這樣一則真實的故事。許多年前，一個妙齡少女來到東京帝國酒店當服務員。這是她涉世之初的第一份工作，也就是說，她將在這裡正式步入社會，邁出她人生的第一步。因此她很激動，暗下決心：一定要好好做！可是萬萬沒有想到，上司安排她去刷廁所！

刷廁所！說實話沒人願意做，何況她細皮嫩肉，喜愛潔淨，從未做過粗重的工作。刷廁所時在視覺上、嗅覺上以及體力上的折磨都令她難以承受，心理作用

更是讓她忍受不了。當她用自己白皙細嫩的手拿著抹布伸向馬桶時，胃裡立刻「造反」，有如翻江倒海，噁心得幾乎嘔吐，太難受了。而上司對她的工作品質要求特高，高得驚人：必須把馬桶刷洗得光潔如新！

她當然明白「光潔如新」的含義是什麼，她當然更知道自己不適合刷廁所這份工作，也難以實現「光潔如新」這一高標準的品質要求。因此，她陷入困惑、苦惱之中，也為此哭過。

這時，她面臨著人生的抉擇：是繼續做下去，還是另謀職業？繼續做下去——太難了！另謀職業——知難而退？人生之路豈能打退堂鼓？她不甘心就這樣讓自己邁入社會的第一步以失敗告終，因為她想起了自己曾下過的決心：人生第一步一定要走好，馬虎不得！

在此關鍵時刻，同部門的一位前輩及時出現在她面前，幫她擺脫了困惑、苦惱，他並沒有講什麼空洞的大道理，只是親自做給她看了一遍。

他一遍遍地抹洗著馬桶，直到抹洗得光潔如新，然後從馬桶裡盛了一杯水，毫不勉強地喝了下去！他不用一言一語就告訴了少女一個極為樸素的真理：光潔如新，要點在於「新」，新則不髒，因為不會有人認為新馬桶髒。反過來講，只有馬桶中的水達到可以喝的潔淨程度，才算是把馬桶抹洗得「光潔如新」了，而這一點已被證明可以辦得到。

她看得目瞪口呆，恍然大悟：就算一生刷廁所，也要做一個刷得最出色的人！

幾十年之後，她成了日本政府的主要官員——郵政大臣，她的名字叫野田聖子。

如果不是真人真事，誰也不敢相信這一切居然真的發生過，一個妙齡少女能去做刷廁所的工作，並堅持把這份工作做好。但就是在這樣的工作中，野田聖子鍛鍊出了堅忍不拔的意志。

孟子云：「天將降大任於斯人也，必先苦其心志，勞其筋骨，餓其體膚……」野田聖子就是真實的寫照。大多數人的遭遇並沒有像野田聖子這麼艱難，只是一些尋常的小事，可是很多人卻在這樣細小的事情中把自己的鬥志磨滅了。那些能夠克服任何困難的人，往往是懂得珍惜生活的人。他們對待事情的熱忱、認真態度，鑄就了他們日後的輝煌成績。

智慧品人生

做任何事都一樣，要想做好，一定要有足夠認真的精神。認真地對待每一件事，總會有意想不到的收穫。生活中瑣碎的事情不只是阻礙我們發展的障礙，更是對我們意志的一種磨礪。

7．苦難，增加你生命的重量

苦難能讓人的生命獲得重生，增加生命的重量。

鷹，搏擊長空，翱翔於天際，被譽之天空的王者。但是人們只看到了自由翱翔的一面，卻不知道這位天空之王的背後，經歷過怎樣痛苦的成長過程。

傳說剛剛要出巢的小鷹，必須學會飛翔的技巧。為了讓小鷹盡快地學會飛翔，鷹媽媽會想出各種各樣的辦法。用爪子抓，用鷹嘴咬，一直將小鷹逼到無路可退的懸崖邊。然後再把牠趕下去。面對懸崖峭壁，小鷹別無選擇，只能奮力振翅，開始牠生命歷程中的第一次翱翔。

到了四十歲的時候，鷹還要面對另一次痛苦的蛻變。因為此時鷹的爪子開始老化，無法有效地抓住獵物；嘴變得又長又彎，幾乎碰到胸膛；羽毛又濃又厚，翅膀變得十分沉重，飛翔起來非常吃力。

這時的鷹只有兩種選擇：等死或者經歷一次痛苦的蛻變。而蛻變時牠必須很努力地飛到山頂，在懸崖上築巢，並暫時在那裡安家。牠用自己的嘴擊打岩石，直到嘴完全脫落，然後靜靜地等候新的嘴長出來。接著再用新長出的嘴把爪子的指甲一根一根地拔掉。當新的指甲長出來以後，再用新的鋒利爪子把羽毛一根一根地拔掉。五個月後，新的羽毛長出來，老鷹開始飛翔，生命才得以延續另一段精彩。就這樣，經過痛苦的歷練，鷹依舊成為天空的王者。

記得有這樣一個故事，講的是一隻鷹的壯美死亡，讓人感慨不已。

很多年前，有一隻威嚴的老鷹，孤單地居住在一座非常高的山頂上。有一天，牠覺得自己死期已近，就大喊一聲，把住在山嶺較低處的兒子們召喚過來。當牠的兒子們到齊後，老鷹細細地打量了每一個兒子，然後說道：「我撫育你們，將你們拉拔大，使你們能夠直視日光，翱翔浩瀚天空。而你們兄弟中那些不能忍受日光輻射的，我都把牠們餓死了。因為這個原因，你們理應比所有別的鳥都飛得更高。所有的鳥都將畏懼你們、尊敬你們，因此你們千萬別去傷害那些尊敬你們的鳥，你們應該允許牠們分享你們吃剩的殘羹。

「現在我就要離開你們了，但我不會死在我的巢裡，我將飛得非常高，高到我的翅膀能夠帶我去得了的高空。我將展翅高飛向太陽道別，讓猛烈的日光燒掉我老了的羽毛，然後我的身體將直衝地面，最終掉進大海。但是，我將不可思議地從海中再飛起來，準備開始新的生命。這就是鷹的命運，我們的命運。」

說完這番話，老鷹直衝天空，尊嚴威武地圍繞著牠兒子站立的高山飛翔，接著，突然扭轉身子向太陽衝去，完成了最後的涅槃，用生命譜寫了天空之王最後的傳奇。

總結天空之王的一生，構成牠們王者氣質的因素主要有三個：

一、少年時被困難逼上絕路，就要自強不息地去面對，成就生命的頑強。

二、中年時面對發展的瓶頸，義無反顧地選擇再一次經歷痛苦的磨煉，開始嶄新的人生軌跡。

三、行將就木之時，用最後的苦難，使自己的生命得到涅槃。用自己的生命告訴世人，生命的絢麗來自於苦難。

縱觀鷹的一生，是不是我們現實生活中很多的成功者也都經歷過的一個過程

呢？青年時的苦痛遭遇，造就了他們堅忍的意志；中年時痛苦的選擇，成就了他們事業長足的發展；年老時總結自己歷經苦難的一生，為世人留下警醒。能夠接受任何苦難的挑戰，總有一天，你會像鷹一樣，搏擊長空，翱翔於萬里晴空之上。

智慧品人生

無論是天空之王，還是我們生活中的成功人士，無不在向我們講述這樣一個道理：在人生的路途中遭遇磨難不是件壞事，困難會逼著你想辦法，惡劣的環境才能鍛造出人才。苦難能讓人的生命獲得重生，能夠增加生命的重量。

8．生命如船，別怕風浪

精彩的人生，就好比波濤洶湧的江河，壯觀、綺麗；平凡無奇的人生就像泛不起漣漪的湖面，了無生趣。因此，別怕波折，別怕風浪，那才是人生壯美的詩篇。

普希金曾說：「生命如海水，不遇礁石難以激起美麗的浪花。」人生如果不遇到一些困難，沒有任何挫折，只能是平凡無奇的。生命之美正源於它的頑強。

一個屢屢失意的年輕人千里迢迢來到普濟寺，慕名尋到釋圓法師，沮喪地說：「像我這樣屢屢失意的人，活著有什麼用呢？」釋圓法師如入定般坐著，靜靜聽著這位年輕人的歎息和絮叨，什麼也不說，只是吩咐小和尚：「施主遠途而來，燒一壺溫水送過來。」小和尚聽了師傅的話就照辦去了。

一會，小和尚送來了一壺溫水。釋圓法師抓了一把茶葉放進杯子裡，然後用溫水沏了，放在年輕人面前的茶几上，微微一笑說：「施主，請用茶。」

年輕人俯首看看杯子，只見杯子裡微微地裊出幾縷水氣，那些茶葉靜靜地浮著。年輕人不解地詢問釋圓法師：「貴寺怎麼用溫水沖茶？」

釋圓法師微笑不語，只是示意年輕人說：「施主請用茶吧。」年輕人只好端起杯子，輕輕喝了兩口。

釋圓法師說：「請問施主，這茶可香？」年輕人又喝了兩口，細細品了又品，搖搖頭說：「這是什麼茶？一點茶香也沒有呀。」

釋圓法師笑笑說：「這是閩浙名茶鐵觀音啊，怎麼會沒有茶香？」年輕人聽說是上乘的鐵觀音，又忙端起杯子吹開浮著的茶葉喝了兩口又再三細細品味，還是放下杯子肯定地表示：「真的沒有一絲茶香。」

釋圓法師微微一笑，吩咐小和尚：「再去燒一壺沸水送過來。」小和尚又照辦去了。一會兒，便提來一壺壺嘴吐著濃濃白氣的沸水進來。釋圓法師起身，又取一個杯子，放了把茶葉進去，稍稍朝杯子裡注了些沸水放在年輕人面前的茶几上。年輕人俯首去看杯子裡的茶，只見那些茶葉在杯子裡上上下下地沉浮，一絲細微的清香從杯子裡溢出來。

聞著那清清的茶香，年輕人禁不住想去端那杯子，釋圓法師微微一笑說：「施主稍候。」說著便提起水壺朝杯子裡又注了一縷沸水。年輕人再俯首看杯子，見那些茶葉上上下下、沉沉浮浮得更雜亂了。同時，一縷更醇更醉人的茶香也裊裊地升騰出杯子，在禪房裡輕輕地彌漫著。接著，釋圓法師這樣注了五次水，杯子終於滿了，那綠綠的一杯茶水，沁得滿屋生香。釋圓法師笑著問道：「施主可知道同是鐵觀音，為什麼茶味卻迥異嗎？」

年輕人思忖說：「一杯用溫水沖沏，一杯用沸水沖沏，用水不同吧。」

釋圓法師解釋：「用水不同，則茶葉的沉浮就不同。用溫水沏的茶，茶葉就輕輕地浮在水上，沒有沉浮，茶葉怎麼會散發它的清香呢？而用沸水沖沏的茶，沖沏了一次又一次，茶葉沉了又浮，浮了又沉，沉沉浮浮，自然葉就釋放出了它春雨的清幽、夏陽的熾烈、秋風的醇厚、冬霜的清冽。」

法師說出一條人生重要茶道：生命如茶，不經歷風風雨雨的人生怎能散發出本有的清香？而那些飽經滄桑的人們，如被沸水沏了一次又一次的釅茶，沉沉浮浮之間，總能飄散一縷清香。

還有一個故事：

在英國的薩倫國家船舶博物館裡有一艘渾身都是「傷」的船，這艘船一八九四年下水，在大西洋上曾一百三十八次遭遇冰山，一百一十六次觸礁，十三次起火，兩百零七次被風暴扭斷桅杆，然而它從沒有沉沒過。

後來，有一位律師來此觀光，當時他剛剛打輸了一場官司，委託人因為經受不住打擊而自殺了。儘管這不是他的第一次失敗，也不是第一次遇到自殺事件，但是在他的心裡還是有一種負罪感，不知道該怎樣安慰這些在生意場上遭受不幸的人。

當他看到這艘船時，彷彿看見了生命頑強的本色。於是他就把這艘船的歷史抄下來，和這艘船的照片一起掛在他的律師事務所裡。每當商界的委託人請他辯護，無論輸贏，他都建議他們去看看這艘船，並告訴他的委託人：在大海上航行的船是沒有不帶傷的。

生命就是這樣，因為頑強所以美麗，不要抱怨我們遍體鱗傷，因為我們選擇了在遼闊的大海上遠航；不要抱怨人生有太多的沉沉浮浮，因為那是生命特有的美麗所在。

智慧品人生

人總是在一次次的挫折面前成長，生命的頑強總是在一次次的困難面前彰顯出來。相信自己一定能成功，因為你正在接受命運的考驗。

9・堅持，堅持，再堅持

只要心存希望，生活就不會絕望。

沒有任何困難能夠打倒我們，除非我們自己打倒自己。

「KFC」是很多人都喜歡的速食店，也是很多餐飲業人員夢寐以求的成功境界。「KFC」商標上那個「穿著一身白西裝，微笑著面對世人的肯德基上校」更是給全世界人留下了深刻的印象。但是誰知道這燦爛的微笑背後又有多少不為人知的失敗的苦楚呢？

肯德基的創始人哈倫德・山德士原本像其他孩子一樣，生活在一個雖不富裕但是卻很幸福的家庭中，父母對他十分疼愛。但不幸的是，在他剛剛五歲的時候，父親在一次意外中離開了人世，而母親因為不堪生活的重負，不久之後也改嫁他人。小小年紀的哈倫德從此以後就沒有人照顧了，十三歲時他便輟學開始到處流浪。

流浪的日子裡，他幾乎從來沒有穿過一件乾淨漂亮的衣服，甚至沒有吃過一頓飽飯。為了維持生計，他不得不尋找各種各樣的工作來做。他曾經當過餐館的雜工，也當過汽車清潔工，在農忙季節還到農場謀一份工作。

十六歲的時候，正值軍隊招募士兵，雖然還不到規定的年齡，但他以謊報年齡的方式參了軍。軍隊生活雖然枯燥無味，卻鍛鍊了他的身體和意志。在服役期滿之後，他利用在軍隊中學習的技術開了一個簡陋的鐵匠鋪，因為競爭激烈，不久之後鐵匠鋪就關門了。

他的生活幾乎又回到了參軍以前的情況，不甘現狀的哈倫德．山德士最終通過自己的勤勞肯幹，謀得了一份在鐵路上當司爐工的工作，而且不久後他就因為工作表現好，從臨時工變成了一名正式工。哈倫德．山德士感到從未有過的高興，因為他覺得自己終於找到了一份安定的工作，可以結束飄浮不定的生活了。

誰知好景不長，在經濟大蕭條前夕，他失業了，而當時他的妻子剛剛懷孕。更不幸的是，就在他的事業處於低谷之時，妻子也離開了他。他到處尋找工作，卻到處碰壁，不過他從來沒有放棄對生活的希望。

這段時間，他不得不從事多種工作，如推銷員、碼頭工、廚師等，但是無論哪種工作都不能長久，他只得一次一次地更換工作以維持自己的生活。其實在這期間，他也試著自己開過加油站或經營其他小生意，但是均以失敗告終。後來他的朋友們都勸他不要再折騰了，認命吧，說他已經老了。

哈倫德·山德士從來沒有認為自己已經老了，所以對於朋友的勸告一直不予理會。直到有一天，當郵差給他送來一張屬於他自己的第一份社會保險支票時，他才意識到原來自己真的老了。

也許真如朋友所說，認命吧，折騰了一輩子都沒有折騰出什麼成就，現在已經老到領社會保險的時候了，難道還不該放棄嗎？哈倫德·山德士曾經多次這樣問過自己，但是每次他給自己的答案都是：絕對不能就這樣向生活妥協！

之後，他就用那張一百零五美元的社會保險支票，創辦了聞名全球的肯德基速食店，在六十六歲那年開始了他的創業之旅。老人開著他那輛一九四六年產的福特老車，載著十一種獨特配料和他的得力助手——壓力鍋上路了。

他來到印第安那州、俄亥俄州及阿肯色州各地的餐廳，將炸雞的配方及方法賣給有興趣的老闆。令人驚訝的是，在短短五年內，哈倫德．山德士在美國及加拿大已有四百家連鎖店了。

六十六歲才創業有成，哈倫德．山德士經歷過生活中的種種不幸，但是他卻從來沒有找任何藉口改變對事業的追求。像哈倫德．山德士這樣經歷過如此多困難的人都沒有向命運妥協，更何況是我們呢？

只要心存希望，生活就不會絕望。當你因為困難想要放棄打拼的時候，請走到肯德基門口佇立半分鐘，想想那個年邁老人的創業史。你遇到的困難有他的多、有他的大嗎？請別放棄，沒有任何困難能夠打倒我們，除非我們自己打倒自己。

智慧品人生

成功的人之所以能夠成功，不是因為他們的生活比別人更順利，而是因為他們有信心，面對生活的各種困難，他們勇敢地選擇堅持。

10．絕處逢生的智慧

困難的背後，隱藏的可能是我們未曾發現的潛能。勇敢地正視困難，並努力克服它。

遇到困難並非一定就是壞事，當你被困難逼到一定地步的時候，可能就是你全部才能迸發出來的時候。生活中，人們會遇到各種各樣的困難，這很可能讓你迸發出一種神奇的力量，當你勇敢地克服了這些困難，眼前，將一片美景。

秦朝末年，各地人民紛紛起義，反抗秦朝的暴虐統治。一年，秦國的三十萬人馬包圍了趙國的鉅鹿（今河北省平鄉縣），趙王連夜向楚懷王求救。楚懷王派宋義為上將軍，項羽為次將，帶領二十萬人馬去救趙國。

誰知宋義聽說秦軍勢力強大，走到半路就停了下來，不再前進。軍中沒有糧食，士兵用蔬菜和雜豆煮了當飯吃。而他，只顧自己舉行宴會，大吃大喝，對士兵不管不顧。時任宋義部下的項羽很是惱火，一氣之下將宋義殺了，自己當了

「假上將軍」，帶著部隊去救趙國。

項羽先派出一支部隊，切斷了秦軍運糧的道路；而自己則親自率領主力過漳河，解救鉅鹿。楚軍全部渡過漳河以後，項羽讓士兵們飽飽地吃了一頓飯，每人再帶三天乾糧，然後傳下命令：把渡河的船鑿穿沉入河裡，把做飯用的鍋砸個粉碎，把附近的房屋放把火統統燒毀。項羽用這辦法來表示他有進無退、一定要奪取勝利的決心。

楚軍士兵見主帥的決心這麼大，誰也不打算再活著回去。在項羽親自指揮下，他們以一當十，以十當百，拼死地向秦軍衝殺過去，經過連續九次衝鋒，把秦軍打得大敗。秦軍的幾個主將，有的被殺，有的當了俘虜，有的投了降。這一仗不但解了鉅鹿之圍，而且把秦軍打得再也振作不起來，這就是歷史上著名的「破釜沉舟」的故事。

項羽之所以能成為一名善戰的將軍，正是因為他能夠充分調動士兵的潛能，使兵力的潛能發揮到最大。按常規來看，主動切斷自己的退路，等同於自取滅亡。而結合當時的實際情況，如果不奮力一搏，結果也是一樣等死。在這種情況下，主動切斷自己的後路就等於為自己增加了戰爭的動力，增加了戰爭獲勝的機會。面對困難，甚至絕境，如果能夠勇敢地正視，說不定就會有絕處逢生的機會。

智慧品人生

我們需要善待自己，但有時也需要對自己苛刻一些，給自己一點壓力，或許把自己「逼上絕路」才能挖掘出自己的潛力和鬥志。

11．成功先要自我定位

把努力和能力用在合適的位置，你才能發揮本有的力量。

人的價值需要在社會中體現，每個人對於自身價值的肯定也要來源於別人以及社會的肯定。不同的社會位置上需要不同才能的人，並不是每個人都適合所有的位置。有時候，我們由於找錯位置導致自己的才華不能發揮，這個時候千萬不要抱怨自己能力不夠，而是應該反思一下，自己是否適合那個位置。

去過寺廟的人都知道，一進廟門，首先是彌勒佛，笑臉迎客，而在祂的背面，則是黑口黑臉的韋馱。相傳在很久以前，祂們並不在同一個廟裡，而是分別掌管不同的廟。

彌勒佛熱情快樂，所以來的人非常多，但祂什麼都不在乎，丟三落四，沒有好好管理賬務，因此依然入不敷出。而韋馱雖然管賬是一把好手，但成天陰著個臉，太過嚴肅，搞得人越來越少，最後香火斷絕。

佛祖在查香火的時候發現了這個問題，就將祂們倆放在同一個廟裡，由彌勒佛負責公關，笑迎八方客，於是香火大旺。而韋馱鐵面無私、錙銖必較，則讓祂負責財務，嚴格把關。在兩人的分工合作下，廟裡呈現出一派欣欣向榮的景象。

那麼沒有佛祖關照的我們該如何發現自身的價值呢？一位研究人力資源管理的教授說過：大學生一直生活在校園中，一心想著學習，很少有機會接觸社會。但是大學畢業之後，不得不面對一個給自己定位的求職過程。然而你對各種工作的真實情況幾乎一無所知，甚至連自己到底是否適合做什麼樣的工作都不知道。所以最好的辦法就是利用時間比較寬裕的大學生活多體驗、多實踐，走出校門到社會上去多長見識，哪怕是做沒有任何薪酬的實習工作，也是有益的。當你和同齡人一起走出校園的時候，你會發現你已經比別人快了很多，因為你早已經摸索到了適合自己的路，並知道這條路該如何走下去。

求職是一個過程，在這個過程中，當然會有很多人被拒之門外。但是你可以想一下，一個大公司招聘，一定會請資深的人力資源師作為評委，當你被他們拒之門外的時候，其實你已經變相做了一次免費的職業諮詢，告訴你這個行業或者這個企業不適合你。

一名剛剛畢業不久就找到合適工作的年輕人，向人們講述了他的求職故事：剛邁出大學校門時，他也像一隻沒頭蒼蠅一樣，準備開始求職之旅。到了第一家公司面試，這家公司的面試很有意思：主考官讓十位求職者圍成一個圓圈做搶答題。因為他在校時一直是個優秀學生，也一直做學生幹部，甚至每年辯論比賽都得獎，說起話來妙語連珠，而且把答案說得很巧妙。

當時，不僅在場的人認為他表現得非常出色，連他自己對自己的表現都非常滿意。可結果他還是落選了，這讓他感到非常費解。事後，他向主考官詢問原因，主考官對他說：「我們公司最重視的是招聘者有務實的工作態度和真誠的合作意識，你的口才很好，但這不是我們需要的。」他這才悟出了一個道理：不同的公司、不同的職位有不同的需要，大智若愚與鋒芒畢露都要「適銷對路」才有用武之地。

其實，事業的成功就是這樣，不是你的能力不夠，也不是你的努力還不夠，是你沒有找到適合自己的位置，故而永遠也不能發揮自己最優秀的一面。

智慧品人生

當你拚命工作卻沒有任何成績的時候，當你覺得工作讓自己很疲憊的時候，不妨先停下來，想想這份工作適不適合你。找到適合自己的位置才能更快速地走向成功。

第五章　放開雙手擁有世界

一個青年問一位禪師：「為什麼我拚命努力，卻什麼也得不到呢？」

禪師只是笑笑，說：「把你的雙手握緊，看看裡面會有什麼？」

青年握緊雙手之後，不解地問：「什麼也沒有呀？」

「你再鬆開雙手，看看有什麼？」

「還是什麼也沒有。」

「不，緊鬆之間，世界已經全在你的手中了！」

1．魚和熊掌，如何取捨

抉擇，往往是一件殘忍而又痛苦的事情，但又是不得不做的事情，

這裡面包含著隱忍的痛，更包含著毅然決然的智慧。

為了得到你最想要的東西，你需要付出很多的代價。

你是否已經做好放棄的準備了呢？

孟子云：「魚，我所欲也；熊掌，亦我所欲也。二者不可得兼，舍魚而取熊掌者也。」很多時候，我們不得不面對兩難的選擇，要麼選其一，要麼你將什麼也得不到。抉擇的代價是慘痛的，但是面對現實，又不得不忍受割捨的痛苦。

在歐洲，金鵰是一種很奇怪的動物，牠們築巢於高山懸崖，以尖利的喙和強壯的爪昭示自己是天空的王者。金鵰一窩通常會孵出兩隻幼雛。但在食物不足的時候，小金鵰就會挨餓，金鵰媽媽也只能眼看著孩子餓得嗷嗷叫。

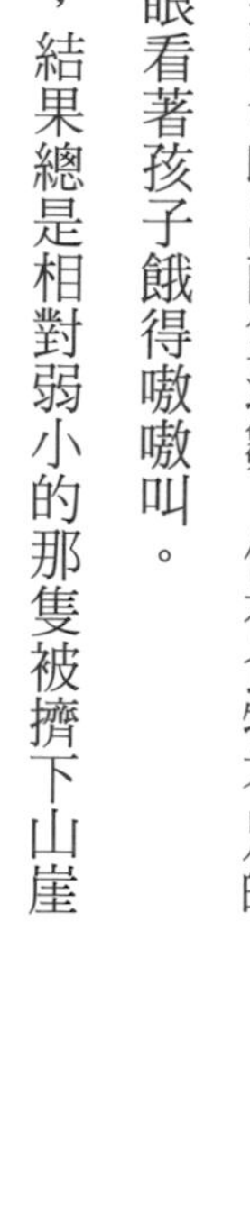

這時，兩隻小金鵰就會用力互相擠靠，結果總是相對弱小的那隻被擠下山崖

摔死。而金鵰媽媽又總是容忍這種「獸行」。因為牠知道，自己沒有能力去養活兩隻小鵰，如果不捨棄一個，結果只能是兩隻都被餓死。所以牠讓牠們自相殘殺，留下一隻比較強壯的，以此來保證金鵰家族的強大，保持牠們天空之王的地位。

其實，又豈止是金鵰，我們也像金鵰媽媽一樣，有時候需要在手裡緊握的兩件寶貝中做出取捨。只是在考慮個人感情的同時，抉擇或許更需要些理智的思維。

有一次，美國的一家電視台採訪了一位獨臂的探險家。談到自己在探險過程中的經歷，他看著那空蕩蕩的衣袖對觀眾講了他痛失手臂的經過。事情是這樣的：三年前，他獨自一人去非洲的熱帶雨林探險。當時剛剛下過一場大雨，走著走著，腳下一滑，他就摔倒在地上，與此同時，一塊巨大的石頭因為雨後的濕滑掉了下來，壓在他的胳膊上。他被這塊巨大的石頭壓倒在地。他試著用自己的另外一隻手去推石頭，然而那塊大石頭絲毫沒有動，只是被壓在石頭下面的手更疼了而已。

就這樣，他用了各種辦法仍無法把石頭移開。而且在原始森林裡任何人都不可能發現他。就在他以為自己只能被困死在這裡的時候，他發現自己還有一把斧頭。這時，他看了看被壓在石頭下的手臂，想了想周圍的環境：天就快黑了，如果還沒有別的辦法，即使不會失血而死，也會遭到其他動物的襲擊，很難再看到第二天的太陽了。他最後看了一次自己的手臂和身體連在一起的樣子，毅然決定用那把斧頭砍掉自己的手臂，感謝上帝給他留了繼續活下去的機會。

講完自己失去手臂的經過之後，接著探險家說道：「在探險的路上，會遇到很多意外，不得不面對各種各樣的抉擇，相對於生命來講，任何東西都是不足珍貴的，哪怕是你自己身體的一部分，一定要明白什麼對於你才是最重要的。」

對於一個探險家來說，在探險的過程中，最重要的就是自己的生命。雖然我們大多數的人都不可能成為探險家，甚至不會有什麼探險的經歷，但是我們依然會面對很多的選擇。靜下心來想想，什麼東西才是你真正追求的，值得追求的。追求就意味著付出，甚至放棄、抉擇，孰輕孰重，你想好了嗎？

智慧品人生

放棄不是一種退讓，而是在選擇的路口上，找到你自己的方向。人生中的各種抉擇都會有取捨，有得到。知道自己最想得到的是什麼，學會放棄你不再需要的東西，是為向前行走減輕負擔。只有退出一條錯誤的路線，才能在正確的路上快速地前進，否則只會南轅北轍。

2·簡單中的智慧

對於生活，對於事業，
我們不如把問題看得簡單一點，
簡單，也是一種智慧。

深思熟慮，詳盡周全，可能這是我們每個人心中做事的衡量標準和安全警示。但是有時候，事情想得太周到了，反而會把原本簡單的事情複雜化。這時，我們不妨把問題看得簡單一點，給自己多一點空間。簡單，也是一種智慧。

十四世紀邏輯學家、聖方濟各會修士——奧卡姆·威廉對於哲學上關於「共性」、「本質」之類的討論感到很厭倦。他主張唯名論，只承認確實存在的東西，認為那些空洞無物的普遍性要領都是無用的累贅，應當被無情地「剃除」。他主張「如無必要，勿增實體」，這也就是人們所說的「奧卡姆剃刀原理」。

經過數百年的流傳發展，這一理論已經不僅僅停留在哲學和邏輯學的範疇之

內，還被廣泛地應用到了其他科學研究領域。它還對現代管理理念、處事的人生態度等有很深遠的影響。

這個定律要求我們在處理事情時，要把握事情的主要實質，把握主流，解決最根本的問題。尤其要順應自然，不要把事情人為地複雜化，這樣才能把事情處理好。

還記得，一九九八年中國大陸的長江發生洪災的時候，報紙上報導了這樣一件事：

在一個小村莊，一個農民家的房子在一場大雨後被洪水衝垮了。就在他的妻子、兒子都快被洪水吞沒的時候，這個農民從洪水中救起了他的妻子，而他的孩子卻被淹死了。

事後，人們議論紛紛。有的說他做得對，因為孩子可以再生一個，妻子卻不能死而復活；有的說他做錯了，因為妻子可以另娶一個，孩子卻不能死而復活。去採訪的記者，也感到疑惑：如果只能救活一人，究竟應該救妻子，還是救孩子？就像很多女孩子總喜歡問自己的男朋友，如果她和男孩的母親一起掉進河裡，男孩是先救母親還是先救女朋友呢？一直以來人們對於這個問題的看法各不相同。愛情和親情，母親與愛人，似乎真的是一對難解決的矛盾。

於是帶著種種疑惑，記者拜訪了那個農民，想知道面對妻子和孩子的生死存亡，他是怎麼作出抉擇的。當那個農民被問到當時是怎麼想的時，他答道：「我什麼也沒想。洪水襲來，妻子就在我身邊，我抓住她就往附近的山坡游。當我返回時，孩子已經被洪水沖走了。」農民的答案讓那些在爭論「救孩子對還是救妻子對」的人們感到震驚。面對危機，原本很簡單的事情，如果要經過一些深思熟慮的複雜思考過程，想必農民失去的就不僅僅是一個小孩了吧？

人生中的很多抉擇就是這樣，很多問題並不像想像中那麼複雜，因為現實往往不會給你那麼長的時間去思索。原本簡單的圖畫，為什麼要塗上複雜的顏料呢？如果此時你還在思前想後的話，恐怕會失去的更多，倒不如當機立斷。

智慧品人生

遇到機會，就要快速出擊，瞻前顧後的結果往往是失去機會。簡簡單單地做好每一件事，剪掉不必要的枝杈，以免讓機會從身邊白白流走。

3．花開堪折直須折

在太多的選擇面前，
人們總是抵抗不住「更好」的誘惑，
總是認為下一個會更好。

現在社會上有一個很奇怪的現象：已到適婚年齡卻未婚的女性中，很多是高學歷、高收入，並且相貌很好的優秀女孩。而那些普通女孩倒是很快就能找到自己的如意郎君。究竟為什麼會出現這種現象呢？

漂亮女孩周圍總是圍著很多不同凡響的男孩，至少感覺很優秀。既然有這麼優越的條件，漂亮女孩自然提高了要求，她們勾畫出未來的男朋友或老公的形象無疑是完美無缺的，她們不停地選擇，她們期待浪漫的快樂，等待白馬王子的到來。

普通的女孩也會期待心中的白馬王子，但是她們的要求並沒有那麼高，她們

可以容忍男朋友有一些缺點，所以反而更容易找到天長地久的愛情。

漂亮女孩，由於擁有更多的選擇餘地，反而更難找到真愛。因為人總是難以控制自己的欲望，當你擁有了「好」的時候，就會期待、渴望「更好」的出現。

欲望面前，我們總是無法自控，可是當你在渴望更好的同時，也正在失去現有的收穫。而將來的美好是否能夠出現，出現了你是不是依舊會渴望更好的還是個未知數。

一天，老師帶著一群小朋友去郊外遠足，沿途有小河、丘陵、農舍，同學們看到牛羊、雞鴨以及一些花花草草，都很興奮，因為這些都是市區難得一見的景色，走著走著，不遠處的一片花海吸引了大家的目光。

等走到那裡時，同學們發現園內不僅花美，裡面的建築更是古色古香。同學們吵著要老師去按門鈴，也許是孩子們的叫嚷聲太大，驚動了裡面的人，從園內走出一位慈眉善目的老先生，當知道同學們想進去看花時，他滿口答應，大家一聲歡呼，就想往裡跑。老先生連忙制止，叫大家安靜，先聽他把話講完，他說：「你們既然這麼喜歡花，我送你們每人一朵……」同學們又是一陣歡呼。

「但是請大家順著步道一面參觀，一面往前走，遇到自己喜歡的花，就可採下，然後從後門出去，不可再回頭採花。」

孩子們走進花園後，眼睛一亮，一朵一朵的花，五顏六色，美極了！只有三兩個同學立刻摘下了自己看中的花，大部分的同學仍在邊走、邊看、邊尋覓。這也是人之常情，總認為前面一定還有更美的。

快走到出口時，很多同學還是兩手空空。他們好想回頭去採花，但已失去了機會，又不甘心一朵花也沒採到，只好在出口處隨便摘下一朵。

老師看了看同學們手裡的花，也覺察到一些同學眼中的懊惱，於是他告訴孩子們：「掌握機會是人生很大的課題，往往眼前的就是最好的，但總是失之交臂，所以遇到最好的就要當機立斷，不可三心二意。

未來的誘惑太大了，總是讓人不想放棄。沒採到心愛的花，只是小小的失望，但是你們上了人生中重要的一課。如果你肯定當前的機遇，就不要再彷徨。『當機立斷，擇取最好的』，就是你們今天遠足最大的收穫。」

智慧品人生

做事慎重不錯，但機遇並不會一直等待你。理智地抗拒未來的誘惑，權衡利弊，並作出取捨，才能得到你最需要的。生命沒有回頭的餘地，不要太貪心，否則將一無所有。

4・忍一時，退一步

忍一時，退一步，
會有意想不到的收穫。
有時真能看到海闊天空的景象。

作為男人，最不能容忍的莫過於別人對自己的女人動手動腳，這不只是因為愛，更是因為男人的尊嚴。但是有一個人身居天子之位，卻能原諒別人對自己老婆的輕薄，他就是在亂世中建立功勳的人——楚莊王。

西元前六〇六年，有一次楚莊王滅了叛黨，回到郢都，大宴群臣。這個宴會名為「太平宴」。席間絲竹聲響，輕歌曼舞，美酒佳餚，君臣興致很高，從白天一直喝到晚上，還沒盡興。這時，天已經黑了，外面刮著大風，好像要下雨的樣子，可是大廳中燭火通明。

忽地，從舞女中轉出一位風姿綽約的絕色佳人，她是楚莊王最寵愛的許姬。

此刻，她奉楚莊王之令為群臣斟酒。她輕盈得像燕子一般，一會兒飛到東，一會兒飛到西。群臣一個個都著了迷，瘋狂的喧鬧聲一下子全沒了。

突然，一陣風襲來，吹滅了所有的蠟燭。許姬正為一人斟酒，有人趁著黑燈瞎火之際，拉住許姬的袖子，去捏她的手。許姬倒也厲害，扯斷衣袖得以掙脫，並且順手把那人帽子上的纓帶揪了下來，快步來到楚莊王前輕輕地告狀，要楚莊王快命人點燭，看看是誰竟敢調戲她。調戲君王的寵姬，無疑是對君王的羞辱，而且是大逆不道的行為，弄不好就要殺頭！

但楚莊王想了想，卻高聲喊道：「切莫點燭！寡人今日要與諸卿開懷暢飲，不用打扮得衣冠齊整的了，大家統統把帽子全摘下來吧！」一當莫名其妙的文武官員都把帽子摘下後，楚莊王才叫人點燭。這樣，楚莊王和許姬始終都不知道拉袖子的是誰。

散席後，許姬責怪起楚莊王來。楚莊王笑笑說：「今天是我請文武百官來喝慶功酒的，大家很高興，喝得都差不多了，酒醉出現狂態，這又有什麼奇怪呢？我如果按妳說的把那個人查出來，顯示了妳的貞節，卻讓群臣不歡而散，就會有人說我胸懷和度量太小，那以後誰還會為我拼死效勞呢？」許姬聽了，對楚莊王十分欽佩。

後來，楚國與敵國交戰時，前部主帥的副將唐狡自告奮勇率百餘人充當先鋒，為大軍開路。他攻無不克，戰無不勝，使楚軍進展順利。

勝利回師後，楚莊王論功行賞，要厚賞唐狡。唐狡卻紅著臉說：「大王切莫厚賞，只要不治我的罪，末將已感激不盡了！」楚莊王問：「為什麼呢？」唐狡磕頭答道：「上次『太平宴』上，去拉美人手的便是我呀！蒙大王昔日不殺之恩，末將今日才捨命相報！」楚莊王大喜，便把許姬賜給了他，從此成就一段千古佳話。

身為一國之君，楚莊王卻能忍常人所不能忍。忍一時，退一步，會有意想不到的收穫。得大勢的君王就應該有這樣的胸懷，要想成就偉業，就得放棄一些東西。

不追究唐狡的罪，不是楚莊王的恥辱。對於楚莊王來講，治罪於唐狡是一件易如反掌的事情。如果那樣，雖然可以出一時的屈辱之氣，但結果會怎樣呢？逞一時之快失去的必將是國家的一個忠誠衛士。其間的輕重，楚莊王看得很清楚，更重要的是，這種寬容智慧的做法才是一個真正胸懷大略的智者所為。

智慧品人生

成大事者，明白取捨和退讓。沒必要為得不到利益的事情大費周折。如果退讓、取捨讓你走得更遠，何必在眼前的小事上苦苦糾纏呢？

5．捨棄舊思維

不要把思維放置於一個死胡同，
發現路不通的時候，就應該毫不猶豫地轉身選擇另一條路。

生活中有很多事情不是不可能，而是我們缺乏獨到的審視思維。何不換一種思維思考？說不定等待你的將是柳暗花明又一村。

在一所高中，物理老師在給同學們講空氣壓力的時候，留了一道思考題：網球沒有打氣孔，但長期使用後會慢慢漏氣，失去彈性。如何給癟了的網球充氣呢？下次上課的時候來討論。

過了兩天，又到了物理課的時間，孩子們七嘴八舌地討論著：

「可不可以用一個注射器，扎到球身上往裡面打氣？」

「但是要怎麼達到足夠高的壓力呢？而且，網球上有個孔，只會讓它洩氣更快！」

剛剛說出的意見立刻被同學們反駁了回去。

「噢，我知道了！」正在全班同學一籌莫展的時候，一個男孩興奮地舉起手來。

「我覺得應該從網球為什麼會漏氣分析入手。網球之所以有彈性是其內部氣體壓力高，外部大氣壓力低，導致氣體從網球內部往外部漏氣，最後網球內外壓力相同時，就沒有足夠的彈性了。這樣，網球就不能用了。

「我們可以反其道而行，把網球置於一個高氣壓的環境中，讓氣體從外向內進入網球裡，這樣經過一段時間，網球就會慢慢膨脹起來，就可以接著用了。」男孩十分肯定地說出自己的獨特想法。

「講得非常好，就是這樣，同學們知道為什麼他能想出辦法嗎？因為他跳開了為網球充氣的思維屏障，反方向地從網球漏氣的原因開始分析問題。」老師最後總結道。

的確，我們常常被思維的屏障圍困，卻不知道還可以運用逆向思維去看問題。著名數學家華羅庚，在被問及他研究問題是否有什麼訣竅的時候，他說：

「我做研究的時候，也常常會遇到一些不能再繼續下去的問題或者運算，這時候，我就放下手中的運算，休息一下，再往回看看問題出在哪。因為面對一個僵局，我也無能為力，我只能跳出原來思維的僵局，找到出錯的根本原因，才能繼續我的研究。」

華羅庚的經驗十分值得我們借鑑。不僅僅是科學研究，生活中、工作中的很多事情都需要打破阻礙我們的意識屏障，不要把思維放置於一個死胡同中。發現路不通的時候，就應該毫不猶豫地轉身選擇另一條路。不要被常規的意識所蒙蔽，陷入固有思維的泥潭中而不能自拔。

商業競爭中也很需要這樣的捨棄舊思維的做法。例如，大家都在一個領域競爭時，很多企業不得不採取降低成本、降低價錢的措施來應對競爭，而有的企業則是通過提升自己產品的品質，提高價格，做好服務的方式，讓人們願意花更多的錢來買他們的產品，這就是品牌效應。

智慧品人生

走出思維模式束縛，最根本的就是要捨棄原有的思維，大膽地使自己的思維後退。逆向思考和行動，你會發現原來的僵局也可以變得豁然開朗。

6・掌控自己的生命

把持自己，不僅僅是一種主動把握人生的生活態度，更是一種不貪戀他物的人生大智慧。

很多人都喜歡通過一些手段來祈求別人或者神靈的幫助，但是人真的會相信自己的命運是掌握在別人的手中嗎？智慧的人總是能夠自己掌握自己的命運。

心理學上有這樣一個有趣的測試：

假設你是一名殺人犯，你和你的同謀一起殺了一個無辜的人，還沒有被警察發現。擺在你面前有三種選擇，會有三種不同的結果：第一種，逃跑。逃得遠遠的，你可能一輩子也不會被警察抓到，過著你的隱居生活，但是一旦被警察抓住，你將被判處死刑；第二種，去自首。通過檢舉你的同伴，獲得減免刑罰，被判處十年或者八年的刑期；第三種，你會被你的同伴檢舉。這時，你將被判處死刑。面對這種狀況你會怎樣選擇呢？

一家心理研究機構對此問題進行調查，結果顯示百分之九十七點二六的人會選擇去自首，因為沒有誰會把自己的命運交到別人的手中，聰明的人都會選擇由自己掌握自己的命運。

但是，當我們真的面對生命中的困境時，卻總是喜歡寄希望於別人，或者寄希望於上天。為什麼我們不試試去努力改變自己的命運呢？

除了困境，面對誘惑時也會有許多人把持不住自己，導致貪戀錢財的官員鋃鐺入獄；貪食魚餌的小魚，終成了人家刀俎上的魚肉。把持自己不僅僅是一種主動把握人生的生活態度，更是一種能夠捨棄不屬於自己的東西的大智慧。

戰國時期，魯國的丞相公孫儀特別喜歡吃魚，知道的人都爭相買魚來獻給他，公孫儀卻不接受。他弟弟很不解地問他：「您喜歡吃魚卻不接受別人的魚，這是為什麼？」

公孫儀回答說：「正因為愛吃魚，我才不接受。假如收了別人獻來的魚，一定會有遷就他們的表現，有遷就他們的表現，就會枉法，枉法就會被罷免相位。如果不收別人給的魚，就不會被罷免宰相，因為愛吃魚，我能夠長期自己供給自己魚。」

「吃人的嘴軟，拿人的手短」，道理很簡單，但是很難做到。不僅僅是面對物質上的很容易發現的誘惑我們得保持清醒，更需要注意的是很多時候，比較隱蔽不容易被我們發現的誘惑，更容易使我們迷失對自己的掌控。

比如，人總是對自己的未來很不確定，面對生活中的各種機遇總是難以取捨。而對於選擇不同機遇能夠獲得的結果，就像一個大大的誘惑吸引著人們，讓人們在不同的機遇之間難以取捨。拖來拖去，左顧右盼，最後只能一事無成。

智慧品人生

生命是掌握在自己手中的，掌握自己的命運，需要我們捨棄那些會牽制我們的東西。果斷地作出正確的抉擇，主動掌控自己的生命，才能贏得成功。

7．放不開手的結果

如醉心於貪欲中，人生將不能自拔，
內心的欲望與執著總是束縛著我們，
倒不如放開雙手，給自己一片自由的天地。

世間有很多人，只能看見眼前的蠅頭小利，不懂得從長遠去看問題，所以常常顧小失大，得不償失。

在東南亞一帶，猴子很多，牠們常常跑到農家的田地裡去偷吃水果，糟蹋東西，成為當地一害。但是當地人也自有辦法：他們把椰子挖空，然後用繩子綁起來，接在樹上或固定在地上，椰子上留一個小洞，洞裡放一些食物，洞口大小恰好只能讓猴子空手伸進去，而無法握著拳伸出來。

於是猴子聞香而來，將牠的手伸進去抓食物，牠性貪，不願鬆開手裡的東西，理所當然地，緊握的拳頭便出不了洞口。當獵人來時，猴子驚慌失措，更是逃不掉。

任何人都沒有抓住猴子不放，只是牠們自己不願意放開手中的東西，所以才會被牽制在椰子上。真正抓獲牠們的不是人類，而是牠們自己愚蠢的欲望，放不開手，只能讓自己被束縛。

看了這個故事，大家一定都在譏笑猴子的愚蠢，為什麼就不懂得放開手呢？並在心中慶幸人類比牠們聰明多了。可是看看我們人類又有什麼荒唐的行徑呢？

這是一則真實的報導：

一天，一個住在北方山區的老農民，趕著自家的小驢車到山裡去收東西，不巧的是，老農不小心打翻了一個馬蜂窩，一群馬蜂傾巢而出，把那個老農和他的驢子螫得全身都是大包。

帶著一身的大包，老農趕著驢車回到了村裡，跟人們訴說他的不幸遭遇。聽他講述的人告訴他說：「馬蜂有毒，你還不快去醫院給醫生治療，以防萬一。」

「那要花錢耶！」老農捨不得上醫院花錢治療。

回到家後，他看見那頭被螫得渾身是包的驢，心想：以後做農活什麼的樣樣都需要這頭驢，萬一牠被馬蜂螫死了怎麼辦呢？猶豫了一番之後，權衡了驢和幾百塊錢的利弊，他帶著那頭驢到獸醫院治療。可是他還是捨不得再多花錢給自己治療。

結果不幸的是，驢子因為接受治療活了下來，而那個老農卻因為捨不得再多花錢，失去了性命。因小失大，保卒丟帥，真是不知輕重啊。

不論是人還是動物，心中都會有放不下的貪欲，往往就是那些微不足道的小小貪欲，葬送了人們整個人生。所謂：「當局者迷，旁觀者清。」很多時候，我們身處欲望的包圍中不能自拔，自己卻沒有發現。譬如：一個官員，本可以造福一方百姓，做一個名留青史的好官。可是為了一時的貪欲，貪贓枉法，不僅工作不保，鋃鐺入獄，甚至還有可能搭上性命。但是回頭看看他們用貪汙來的錢財都做了些什麼呢？不過是包養幾個女人，置辦幾處房產，揮霍一下而已。這些對於生命來講又何足掛齒呢？

如醉心於貪欲中，人們將不能自拔，內心的欲望與執著總是束縛著我們，倒不如放開雙手，給自己一片自由的天地。

智慧品人生

執著於自己內心的欲望，放任其發展，只能讓自己的眼界被欲望遮蔽。跳出欲望的束縛，站在一個更寬廣的位置去看自己的所作所為，會有更高遠的見解。工作和生活也是一樣，適時地反省一下自己是不是被一時的小利所蒙蔽了。不要為一時的蠅頭小利，迷失人生的方向。

8・聰明反被聰明誤

與其費盡心思地表現自己，
不如踏踏實實地做好本職工作，
機關算盡，最後只能是聰明反被聰明誤。

成功的領導者總是任人唯賢，但是賢也要看是在哪個方面。凡事應該適度為之，過猶不及。做事太露骨，鋒芒畢露的人不一定能得到管理者的重用，甚至有時會遭到排擠。

從一名管理者的角度來看，他只希望他的下屬能夠扮演好自己的角色，做好自己的事情就足夠了。多餘的才能對於整體的團隊並無什麼益處，有時甚至是一種危險。

楊修是曹操門下掌庫的主簿。此人生得單眉細眼，貌白神清，博學能言，見識過人。但卻恃才傲物，很是張狂，尤其善於猜測別人的心思。

一次，曹操命人建一座花園。快竣工了，監造花園的官員請曹操來驗收察看。曹操參觀花園之後，是好是壞是褒是貶一句話也沒有說，只是拿起筆來，在花園大門上寫了一個「活」字，便揚長而去。一見這情形，大家猶如丈二金剛，摸不著頭腦，怎麼也猜不透曹操的意思。楊修卻笑著說道：「門內添『活』字，是個『闊』字，丞相是嫌園門太闊了。」

官員見楊修說得有道理，立即返工重建園門，改造停當後，又請曹操來觀看。曹操一見重建後的園門，不禁大喜，問道：「誰知道了我的意思？」左右答道：「是楊修主簿。」曹操表面上稱讚楊修的聰明，其實內心已開始忌諱楊修了。

又有一回，塞北送來一盒酥餅孝敬曹操，曹操沒有吃，只是在禮盒上親筆寫了三個字：「一合酥」，放在案頭上，便出去了。屋裡其他人有的沒有理會這件事，有的不明白曹丞相的意思，不敢妄動。

這時正好楊修進來看見了，便堂而皇之地走向案頭，打開禮盒。把酥餅一人一口地分吃了。曹操進來見大家正在吃他案頭的酥餅，臉色驟變，問：「為何吃掉了酥餅？」楊修上前答道：「我們是按丞相的吩咐吃的。」

「此話怎講？」曹操反問。

楊修從容地應道：「丞相在酥盒上寫著『一人一口酥』，分明是賞給大家吃的，難道我們敢違背丞相的命令嗎？」

曹操見又是這個楊修識破了他的心意，表面上樂哈哈地說：「講得好，吃得對，吃得對！」其實內心已對楊修產生厭惡之情了。

可楊修還以為曹操真的欣賞他，所以不但沒有絲毫收斂，反而把心智都用在捉摸曹操的言行上，並不分場合地賣弄自己的小聰明，從而也不斷地給自己埋下禍根。

曹操深知把一個像楊修這樣能夠揣測他心意的人留在身邊是一件多麼危險的事情，一直想找機會除掉他。

終於有一次，曹操找到了除掉楊修的理由。

曹操自封為魏王之後，親自引兵與蜀軍作戰，戰事失利，進退不能。曹操數次進攻蜀軍總不能奏效，長期拖下去，不僅耗費錢糧且會挫傷士氣；但要是真的撤兵，無功而歸，又會遭人笑話。是進是退，當時曹操心中猶豫不決。

此時廚子呈進雞湯，曹操看見碗中有雞肋，因而有感於懷，覺得眼下的戰事，有如碗中之雞肋，「食之無味，棄之可惜」。他正沉吟間，夏侯惇入帳稟請夜間號令。曹操隨口說：「雞肋！雞肋！」夏侯惇傳令眾官，都稱「雞肋」。

楊修見傳「雞肋」兩字，便讓隨行軍士各自收拾行裝，準備歸程。有人報知夏侯惇，夏侯惇大驚失色，立即請楊修到帳中問他：「為什麼叫人收拾行裝？」

楊修說：「從今夜的號令，便知道魏王很快就要退兵回去了。」

「你怎麼知道？」夏侯惇又問。

楊修笑道：「食雞肋者，吃著沒有肉，丟了又覺得它味道不錯。魏王的意思是現在進不能勝，退又害怕人笑話，在此沒有好處，不如早歸，明天魏王一定會下令班師回轉的。所以先收拾行裝免得臨行慌亂。」

夏侯惇說：「您可算魏王肚裡的蛔蟲，知道魏王的心思啊！」他不但沒有責怪楊修，反而也命令軍士收拾行裝。於是寨中各位將領，無不準備歸計。

當夜曹操心亂，不能入睡，就手按寶劍，繞著軍寨獨自行走。只見夏侯惇寨內軍士，各自準備行裝。

曹操大驚：我沒有下達撤軍命令，誰竟敢如此大膽，作撤軍的準備？他急忙回帳召夏侯惇入帳，夏侯惇說：「主簿楊修已經知道大王想撤軍的意思。」曹操叫來楊修問他怎麼知道的，楊修就以雞肋的含意對答。曹操一聽大怒，說：「你怎敢造謠亂我軍心！」不由分說，叫來刀斧手將楊修推出去斬了，把首級懸在轅門外。

楊修一直喜歡揣測曹操的心思，卻萬萬沒有想到，對於一個能夠看穿自己心思的人，曹操是絕對不會留下的。楊修的失敗告訴我們，職場工作中一個重要的原則是：做事不能顯得太過聰明。與其費盡心思地表現自己，不如踏踏實實地做好本職工作，機關算盡，最後只能是聰明反被聰明誤。

智慧品人生

做人做事應該懂得適度而為，不能表現得太過火。作為下屬表現出自己的才華爭取升職的機會是對的，但是表現也要有個限度，不能讓上司覺得你是一個不安分的人。

9．當斷不斷定受其亂

任何事物的輕重都要根據具體情況決定，我們需要有判斷輕重緩急和誰輕誰重的能力。在關鍵時刻，要懂得適當放棄。

做事情總有一個輕重緩急。聰明人懂得如何在關鍵時刻做最重要的事情，而不重要的東西就應該果斷丟掉，捨不得丟棄小的利益，只能失去更多的東西，做本末倒置的蠢事。

佛教經典《百喻經》中講述了這樣一個故事：

從前有一個經商的人，帶了兩個年輕的兒子和一頭駱駝及許多貴重貨物，想到很遠的地方去做生意。他們選了一個春光明媚的早晨出發。父子三人牽著駱駝前進，他們看到農夫在田野工作，商人就對兒子說：「世間的萬事，哪一件不是經過千辛萬苦的經營，而後才得到血汗的成果？農夫若無春天辛勞的工作，哪有秋天的收穫？」年輕的兒子說：「爸，我們出門經商，不也像農人的春耕，若不經遙遠的旅途奔走，哪能賺得最優厚的利潤呢？」商人點點頭表示同意兒子的看法。

他們經過田野，穿過森林，開始爬山了。若翻過這座山便到了做生意的地方。可是不幸的是，在爬山的時候，載貨物的駱駝忽然倒在山路上死了，這使他們感到無限苦惱。父子三個人只是呆呆地坐在那裡歎息，不知怎樣處理善後才好。最後，父親說：「先將駱駝身上的貨物卸下來再說。」

兩個兒子立刻動手卸下了駱駝身上的貨物。貨物卸下後，父親又說：「駱駝已經死了，牠的皮還有用處，就將牠的皮剝下吧！」又忙了一陣，三人將駱駝的皮剝下來。

父親心想：既然貨物無法運到市場上去賣，只好回家再準備一頭駱駝，來運這些貨物。於是吩咐兒子說：「現在我回家，再牽一頭駱駝來，你們好好看著這些貨物，特別是這張駱駝皮，不要弄壞了。」

商人吩咐後，便一個人下山去了。沒想到第二天竟下起大雨，兩個年輕人見下大雨，便想起父親的囑託——照顧駱駝皮。於是將貨物中最珍貴的白毛氈，覆蓋在駱駝皮上。大雨下了好幾天，白毛氈被雨水損壞了，駱駝皮也腐爛了，其他的貨物也統統被損壞了，最後一無所有。

當時兩位年輕人若是理智些，用駱駝皮蓋住那些貨物，還可能保存一些。而他們卻沒有這樣做，真是很可惜的事情啊！

兩個兒子只記得父親的叮囑，卻不懂得分清輕重緩急。雖然駱駝皮很貴重，但是也抵不過全部貨物的價值。在生活和工作中，我們也總是面對各種不同的取捨問題。很多時候人們就是因為捨不得放棄一些眼前的小利益，而導致自己失去更多。

智慧品人生

做事情要分清輕重緩急，作取捨要看事物的價值。應當捨棄的時候就不要猶豫，當斷不斷定受其亂。關鍵時刻，需要的是果敢和勇氣。

10．斤斤計較失去更多

在你的思想意識裡，是否緊握著一樣自認為很珍貴的東西？那這樣東西是否值得你緊握，你因這樣東西又失去了什麼？

以前有人問聖法法師，參佛的意義何在。聖法法師就給那個人講了一個佛經上的故事：從前有一個富翁，他家裡金銀財寶無數，還有很多房屋，可以說富可敵國。可是他經商的時候，還是斤斤計較，一點都不肯馬虎，顧客欠他一毛錢，他都要千方百計地討回不可。

有一天，這位富翁突然想起，五年前有一個顧客欠他五毛錢，就花了兩毛錢的車費，到他家裡去追討。因為主人不在家，所以又花兩毛錢車費返回。過了幾天又去追討，主人又不在，一共去了三次才把這五毛錢討回來。這位富翁花了十幾毛錢，又花了那麼多的精神和時間才討回五毛錢，這不是很大的笑話嗎？

聖法法師接著說，社會上小心眼的人很多。譬如人們在日常生活當中，常常

為了一件小事而大吵大鬧；為了一張紙或一個茶杯而大打出手；因一句話而拳腳相向，乃至告到法院。

聖法法師用一個生動的故事告訴我們一個很簡單，但經世致用的道理：斤斤計較的結果只能是失去更多的東西。

智慧品人生

「凡事不要太斤斤計較」這個道理很多人都明白，但現實生活中我們常常會被困住了卻不知道。「吾日三省吾身」，認真審視自己，是否在擁有一樣東西的時候還在拼死爭取另一樣，結果導致自己失去更多。

11．選擇遠方，就只顧風雨兼程

具有成功潛質的人，不會被眼前的蠅頭小利所蠱惑和羈絆；他們會鎖定目標，勇往直前。

成功路上，阻擋我們的往往不是困境，而是我們捨不得放棄的舒適和安逸。有的人淺嘗輒止，獲得一點小小的成功後便感到滿足，因此止步不前，忘記了更高遠的目標。

但能夠成功的人往往是那些懂得放棄眼前的小利，執著地走向更高遠目標的人。具有成功潛質的人，不會被眼前的蠅頭小利所蠱惑和羈絆。而是鎖定目標，執著向前。

享譽國際的著名音樂家譚盾，年輕時懷著音樂的夢想來到了美國。初到美國之時他不得不面對生存的問題，為了賺錢吃飯，只好靠著在街頭拉小提琴賣藝來賺錢。

事實上，在街頭拉琴賣藝跟擺地攤沒兩樣，都必須爭個好地盤才會有人流，才會賺到錢；而地段差的地方，當然生意就較差。幸運的是，譚盾和一位認識的黑人琴手，一起爭到一個最能賺錢的好地盤，在一家商業銀行的門口，那裡的人流比別的地方多很多。

過了一段時日，譚盾靠賣藝賺到了不少錢，他想是時候提高自己了，於是便和那位黑人琴手道別，放棄了那塊賺錢的寶地。因為他想進入大學進修，在音樂學府裡拜師學藝，和琴技高超的同學們互相切磋。於是，譚盾將全部時間和精力，投注到提升音樂素養和琴藝之中……

在大學裡，雖然譚盾不像以前在街頭拉琴一樣賺很多錢，但他的眼光早已超越金錢，轉而投向那更遠大的目標和未來。在大學的進修中他過得很充實，也過得很快樂。

十年後，譚盾有一次路過那家商業銀行，發現昔日老友——黑人琴手，仍舊站在那「最賺錢的地盤」拉小提琴，而他的表情一如往昔，臉上露著得意、滿足與陶醉。

當黑人琴手看見譚盾突然出現時，很高興地停下拉琴的手，熱情地說道：「兄弟啊！好久不見！你現在在哪裡拉琴？」

譚盾回答了一個很有名的音樂廳名字，但黑人琴手反問道：「那家音樂廳的門前也是個好地盤，也很好賺錢嗎？」

「還好啦，生意還挺不錯的啦！」譚盾沒有明說，只淡淡地說著。

那個黑人琴手哪裡知道，十年後的譚盾，已經是一位國際知名的音樂家，他經常應邀在著名的音樂廳中登台獻藝，而不是只在音樂廳門口拉琴賣藝。

想想自己，我們會不會也像黑人琴手一樣，一直死守著「最賺錢的地盤」不放，甚至還沾沾自喜、洋洋得意？我們的才華、我們的潛力、我們的前程，會不會因死守著「最賺錢的地盤」而白白斷送了呢？

理想高遠的人，必須懂得即時抽手，丟掉眼前利益，甩開阻礙自己走向更遙遠地方的羈絆。人，必須鼓起勇氣，不斷學習，再去開創生命的另一高峰。不放棄港口安逸生活的船，只能永遠停泊在岸邊，永遠也見不到大海的波濤洶湧之美。

智慧品人生

生命中有太多的誘惑會困擾我們作出正確的選擇。甘於平凡的人可以選擇守住自己的安樂窩，過幸福的小日子。但如果把目標定在遠方，就要走出家門，迎接生活的風風雨雨。

大都會文化圖書目錄

●度小月系列

路邊攤賺大錢【搶錢篇】	280 元	路邊攤賺大錢 2【奇蹟篇】	280 元
路邊攤賺大錢 3【致富篇】	280 元	路邊攤賺大錢 4【飾品配件篇】	280 元
路邊攤賺大錢 5【清涼美食篇】	280 元	路邊攤賺大錢 6【異國美食篇】	280 元
路邊攤賺大錢 7【元氣早餐篇】	280 元	路邊攤賺大錢 8【養生進補篇】	280 元
路邊攤賺大錢 9【加盟篇】	280 元	路邊攤賺大錢 10【中部搶錢篇】	280 元
路邊攤賺大錢 11【賺翻篇】	280 元	路邊攤賺大錢 12【大排長龍篇】	280 元
路邊攤賺大錢 13【人氣推薦篇】	280 元	路邊攤賺大錢 14【精華篇】	280 元
路邊攤賺大錢（人氣推薦精華篇）	399 元		

● DIY 系列

路邊攤美食 DIY	220 元	嚴選台灣小吃 DIY	220 元
路邊攤超人氣小吃 DIY	220 元	路邊攤紅不讓美食 DIY	220 元
路邊攤流行冰品 DIY	220 元	路邊攤排隊美食 DIY	220 元
把健康吃進肚子— 40 道輕食料理 easy 做	250 元		

●*i* 下廚系列

男人的廚房—義大利篇	280 元	49 元美味健康廚房—養生達人教你花小錢也可以吃出好氣色	250 元

●流行瘋系列

跟著偶像 FUN 韓假	260 元	女人百分百—男人心中的最愛	180 元
哈利波特魔法學院	160 元	韓式愛美大作戰	240 元
下一個偶像就是你	180 元	芙蓉美人泡澡術	220 元
Men 力四射—型男教戰手冊	250 元	男體使用手冊－ 35 歲⁺♂保健之道	250 元
想分手？這樣做就對了！	180 元		

●生活大師系列

遠離過敏—打造健康的居家環境	280 元	這樣泡澡最健康—紓壓・排毒・瘦身三部曲	220 元
兩岸用語快譯通	220 元	台灣珍奇廟—發財開運祈福路	280 元
魅力野溪溫泉大發見	260 元	寵愛你的肌膚—從手工香皂開始	260 元
舞動燭光—手工蠟燭的綺麗世界	280 元	空間也需要好味道—打造天然香氛的 68 個妙招	260 元

雞尾酒的微醺世界— 調出你的私房 Lounge Bar 風情	250 元	野外泡湯趣—魅力野溪溫泉大發見	260 元
肌膚也需要放輕鬆— 徜徉天然風的 43 項舒壓體驗	260 元	辦公室也能做瑜珈— 上班族的紓壓活力操	220 元
別再說妳不懂車— 男人不教的 Know How	249 元	一國兩字—兩岸用語快譯通	200 元
宅典	288 元	超省錢浪漫婚禮	250 元
旅行，從廟口開始	280 元		

●寵物當家系列

Smart 養狗寶典	380 元	Smart 養貓寶典	380 元
貓咪玩具魔法 DIY— 讓牠快樂起舞的 55 種方法	220 元	愛犬造型魔法書—讓你的寶貝漂亮一下	260 元
漂亮寶貝在你家—寵物流行精品 DIY	220 元	我的陽光 ‧ 我的寶貝—寵物真情物語	220 元
我家有隻麝香豬—養豬完全攻略	220 元	SMART 養狗寶典（平裝版）	250 元
生肖星座招財狗	200 元	SMART 養貓寶典（平裝版）	250 元
SMART 養兔寶典	280 元	熱帶魚寶典	350 元
Good Dog—聰明飼主的愛犬訓練手冊	250 元	愛犬特訓班	280 元
City Dog—時尚飼主的愛犬教養書	280 元	愛犬的美味健康煮	250 元
Know Your Dog—愛犬完全教養事典	320 元	Dog's IQ 大考驗——判斷與訓練愛犬智商的 50 種方法	250 元
幼貓小學堂—Kitty 的飼養與訓練	250 元	幼犬小學堂—— Puppy 的飼養與訓練	250 元
愛犬的聰明遊戲書	250 元		

●人物誌系列

現代灰姑娘	199 元	黛安娜傳	360 元
船上的 365 天	360 元	優雅與狂野—威廉王子	260 元
走出城堡的王子	160 元	殞逝的英格蘭玫瑰	260 元
貝克漢與維多利亞—新皇族的真實人生	280 元	幸運的孩子—布希王朝的真實故事	250 元
瑪丹娜—流行天后的真實畫像	280 元	紅塵歲月—三毛的生命戀歌	250 元
風華再現—金庸傳	260 元	俠骨柔情—古龍的今生今世	250 元
她從海上來—張愛玲情愛傳奇	250 元	從間諜到總統—普丁傳奇	250 元
脫下斗篷的哈利—丹尼爾 ‧ 雷德克里夫	220 元	蛻變—章子怡的成長紀實	260 元
強尼戴普— 可以狂放叛逆，也可以柔情感性	280 元	棋聖 吳清源	280 元
華人十大富豪—他們背後的故事	250 元	世界十大富豪—他們背後的故事	250 元
誰是潘柳黛？	280 元		

●心靈特區系列

書名	定價	書名	定價
每一片刻都是重生	220 元	給大腦洗個澡	220 元
成功方與圓—改變一生的處世智慧	220 元	轉個彎路更寬	199 元
課本上學不到的 33 條人生經驗	149 元	絕對管用的 38 條職場致勝法則	149 元
從窮人進化到富人的 29 條處事智慧	149 元	成長三部曲	299 元
心態—成功的人就是和你不一樣	180 元	當成功遇見你—迎向陽光的信心與勇氣	180 元
改變，做對的事	180 元	智慧沙	199 元（原價 300 元）
課堂上學不到的 100 條人生經驗	199 元（原價 300 元）	不可不防的 13 種人	199 元（原價 300 元）
不可不知的職場叢林法則	199 元（原價 300 元）	打開心裡的門窗	200 元
不可不慎的面子問題	199 元（原價 300 元）	交心—別讓誤會成為拓展人脈的絆腳石	199 元
方圓道	199 元	12 天改變一生	199 元（原價 280 元）
氣度決定寬度	220 元	轉念—扭轉逆境的智慧	220 元
氣度決定寬度 2	220 元	逆轉勝—發現在逆境中成長的智慧	199 元（原價 300 元）
智慧沙 2	199 元	好心態，好自在	220 元
生活是一種態度	220 元	要做事，先做人	220 元
忍的智慧	220 元	交際是一種習慣	220 元
溝通—沒有解不開的結	220 元	愛の練習曲—與最親的人快樂相處	220 元
有一種財富叫智慧	199 元	幸福，從改變態度開始	220 元
菩提樹下的禮物—改變千萬人的生活智慧	250 元	有一種境界叫捨得	220 元
有一種財富叫智慧 2	199 元	被遺忘的快樂祕密	220 元
智慧沙【精華典藏版】	250 元		

● SUCCESS 系列

書名	定價	書名	定價
七大狂銷戰略	220 元	打造一整年的好業績—店面經營的 72 堂課	200 元
超級記憶術—改變一生的學習方式	199 元	管理的鋼盔—商戰存活與突圍的 25 個必勝錦囊	200 元
搞什麼行銷— 152 個商戰關鍵報告	220 元	精明人聰明人明白人—態度決定你的成敗	200 元
人脈＝錢脈—改變一生的人際關係經營術	180 元	週一清晨的領導課	160 元
搶救貧窮大作戰？ 48 條絕對法則	220 元	搜驚 ‧ 搜精 ‧ 搜金 —從 Google 的致富傳奇中，你學到了什麼？	199 元
絕對中國製造的 58 個管理智慧	200 元	客人在哪裡？—決定你業績倍增的關鍵細節	200 元
殺出紅海—漂亮勝出的 104 個商戰奇謀	220 元	商戰奇謀 36 計—現代企業生存寶典 I	180 元

商戰奇謀 36 計一現代企業生存寶典 II	180 元	商戰奇謀 36 計一現代企業生存寶典 III	180 元
幸福家庭的理財計畫	250 元	巨賈定律一商戰奇謀 36 計	498 元
有錢真好！輕鬆理財的 10 種態度	200 元	創意決定優勢	180 元
我在華爾街的日子	220 元	贏在關係一勇闖職場的人際關係經營術	180 元
買單！一次就搞定的談判技巧	199 元（原價 300 元）	你在說什麼？一 39 歲前一定要學會的 66 種溝通技巧	220 元
與失敗有約 一 13 張讓你遠離成功的入場券	220 元	職場 AQ 一激化你的工作 DNA	220 元
智取一商場上一定要知道的 55 件事	220 元	鏢局一現代企業的江湖式生存	220 元
到中國開店正夯《餐飲休閒篇》	250 元	勝出！一抓住富人的 58 個黃金錦囊	220 元
搶賺人民幣的金雞母	250 元	創造價值一讓自己升值的 13 個秘訣	220 元
李嘉誠談做人做事做生意	220 元	超級記憶術（紀念版）	199 元
執行力一現代企業的江湖式生存	220 元	打造一整年的好業績一店面經營的 72 堂課	220 元
週一清晨的領導課（二版）	199 元	把生意做大	220 元
李嘉誠再談做人做事做生意	220 元	好感力一辦公室 C 咖出頭天的生存術	220 元
業務力一銷售天王 VS. 三天陣亡	220 元	人脈＝錢脈一改變一生的人際關係經營術（平裝紀念版）	199 元
活出競爭力一讓未來再發光的 4 堂課	220 元	選對人，做對事	220 元
先做人，後做事	220 元	借力一用人才創造錢財	220 元
有機會成為 CEO 的員工一這八種除外！	220 元	先做人後做事 第二部	220 元

●都會健康館系列

秋養生一二十四節氣養生經	220 元	春養生一二十四節氣養生經	220 元
夏養生一二十四節氣養生經	220 元	冬養生一二十四節氣養生經	220 元
春夏秋冬養生套書	699 元（原價 880 元）	寒天一 0 卡路里的健康瘦身新主張	200 元
地中海纖體美人湯飲	220 元	居家急救百科	399 元（原價 550 元）
病由心生一 365 天的健康生活方式	220 元	輕盈食尚一健康腸道的排毒食方	220 元
樂活，慢活，愛生活一 健康原味生活 501 種方式	250 元	24 節氣養生食方	250 元
24 節氣養生藥方	250 元	元氣生活一日の舒暢活力	180 元
元氣生活一夜の平靜作息	180 元	自療一馬悅凌教你管好自己的健康	250 元
居家急救百科（平裝）	299 元	秋養生一二十四節氣養生經	220 元
冬養生一二十四節氣養生經	220 元	春養生一二十四節氣養生經	220 元
夏養生一二十四節氣養生經	220 元	遠離過敏一打造健康的居家環境	280 元
溫度決定生老病死	250 元	馬悅凌細說問診單	250 元
你的身體會說話	250 元	春夏秋冬養生一二十四節氣養生經（二版）	699 元
情緒決定你的健康一無病無痛快樂活到 100 歲	250 元	逆轉時光變身書一 8 週變美變瘦變年輕的健康祕訣	280 元

今天比昨天更健康：良好生活作息的神奇力量	220 元		

●CHOICE 系列

入侵鹿耳門	280 元	蒲公英與我一聽我說說畫	220 元
入侵鹿耳門（新版）	199 元	舊時月色（上輯＋下輯）	各 180 元
清塘荷韻	280 元	飲食男女	200 元
梅朝榮品諸葛亮	280 元	老子的部落格	250 元
孔子的部落格	250 元	翡冷翠山居閒話	250 元
大智若愚	250 元	野草	250 元
清塘荷韻（二版）	280 元	舊時月色（二版）	280 元

●FORTH 系列

印度流浪記一滌盡塵俗的心之旅	220 元	胡同面孔一　古都北京的人文旅行地圖	280 元
尋訪失落的香格里拉	240 元	今天不飛一空姐的私旅圖	220 元
紐西蘭奇異國	200 元	從古都到香格里拉	399 元
馬力歐帶你瘋台灣	250 元	瑪杜莎艷遇鮮境	180 元
絕色絲路　千年風華	250 元		

●大旗藏史館

大清皇權遊戲	250 元	大清后妃傳奇	250 元
大清官宦沉浮	250 元	大清才子命運	250 元
開國大帝	220 元	圖說歷史故事一先秦	250 元
圖說歷史故事一秦漢魏晉南北朝	250 元	圖說歷史故事一隋唐五代兩宋	250 元
圖說歷史故事一元明清	250 元	中華歷代戰神	220 元
圖說歷史故事全集	880 元（原價 1000 元）	人類簡史一我們這三百萬年	280 元
世界十大傳奇帝王	280 元	中國十大傳奇帝王	280 元
歷史不忍細讀	250 元	歷史不忍細讀 II	250 元
中外 20 大傳奇帝王（全兩冊）	490 元	大清皇朝密史（全四冊）	1000 元
帝王秘事一你不知道的歷史真相	250 元	上帝之鞭一 成吉思汗、耶律大石、阿提拉的征戰帝國	280 元
百年前的巨變－晚清帝國崩潰的三十二個細節	250 元		

●大都會運動館

野外求生寶典一活命的必要裝備與技能	260 元	攀岩寶典一 安全攀登的入門技巧與實用裝備	260 元

風浪板寶典— 駕馭的駕馭的入門指南與技術提升	260 元	登山車寶典— 鐵馬騎士的駕馭技術與實用裝備	260 元
馬術寶典—騎乘要訣與馬匹照護	350 元		

●大都會休閒館

賭城大贏家—逢賭必勝祕訣大揭露	240 元	旅遊達人— 行遍天下的 109 個 Do & Don't	250 元
萬國旗之旅—輕鬆成為世界通	240 元	智慧博奕—賭城大贏家	280 元

●大都會手作館

樂活，從手作香皂開始	220 元	Home Spa & Bath — 玩美女人肌膚的水嫩體驗	250 元
愛犬的宅生活— 50 種私房手作雜貨	250 元	Candles 的異想世界—不思議の手作蠟燭魔法書	280 元
愛犬的幸福教室—四季創意手作 50 賞	280 元		

●世界風華館

環球國家地理 · 歐洲（黃金典藏版）	250 元	環球國家地理 · 亞洲 · 大洋洲 （黃金典藏版）	250 元
環球國家地理 · 非洲 · 美洲 · 兩極 （黃金典藏版）	250 元	中國國家地理 · 華北 · 華東 （黃金典藏版）	250 元
中國國家地理 · 中南 · 西南 （黃金典藏版）	250 元	中國國家地理 · 東北 · 西東 · 港澳 （黃金典藏版）	250 元
中國最美的 96 個度假天堂	250 元	非去不可的 100 個旅遊勝地 · 世界篇	250 元
非去不可的 100 個旅遊勝地 · 中國篇	250 元	環球國家地理【全集】	660 元
中國國家地理【全集】	660 元	非去不可的 100 個旅遊勝地（全二冊）	450 元
全球最美的地方—漫遊美國	250 元	全球最美的地方—驚豔歐洲	280 元
全球最美的地方—狂野非洲	280 元	世界最美的 50 個古堡	280 元

● BEST 系列

人脈＝錢脈—改變一生的人際關係經營術 （典藏精裝版）	199 元	超級記憶術—改變一生的學習方式	220 元

● STORY 系列

失聯的飛行員— 一封來自 30,000 英呎高空的信	220 元	Oh, My God! — 阿波羅的倫敦愛情故事	280 元
國家寶藏 1 —天國謎墓	199 元	國家寶藏 2 —天國謎墓 II	199 元

國家寶藏 3 —南海鬼谷	199 元	國家寶藏 4 —南海鬼谷 II	199 元
國家寶藏 5 —樓蘭奇宮	199 元	國家寶藏 6 —樓蘭奇宮 II	199 元
國家寶藏 7 —關中神陵	199 元	國家寶藏 8 —關中神陵 II	199 元
國球的眼淚	250 元	國家寶藏首部曲	398 元
國家寶藏二部曲	398 元	國家寶藏三部曲	398 元
秦書	250 元		

● FOCUS 系列

中國誠信報告	250 元	中國誠信的背後	250 元
誠信—中國誠信報告	250 元	龍行天下—中國製造未來十年新格局	250 元
金融海嘯中，那些人與事	280 元	世紀大審—從權力之巔到階下之囚	250 元

●禮物書系列

印象花園 梵谷	160 元	印象花園 莫內	160 元
印象花園 高更	160 元	印象花園 竇加	160 元
印象花園 雷諾瓦	160 元	印象花園 大衛	160 元
印象花園 畢卡索	160 元	印象花園 達文西	160 元
印象花園 米開朗基羅	160 元	印象花園 拉斐爾	160 元
印象花園 林布蘭特	160 元	印象花園 米勒	160 元
絮語說相思 情有獨鍾	200 元		

◎關於買書：

1. 大都會文化的圖書在全國各書店及誠品、金石堂、何嘉仁、敦煌、紀伊國屋、諾貝爾等連鎖書店均有販售，如欲購買本公司出版品，建議你直接洽詢書店服務人員以節省您寶貴時間，如果書店已售完，請撥本公司各區經銷商服務專線洽詢。
   北部地區：(02)85124067　桃竹苗地區：(03)2128000
   中彰投地區：(04)22465179　雲嘉地區：(05)2354380
   臺南地區：(06)2642655　高屏地區：(07)2367015
2. 到以下各網路書店購買：
   大都會文化網站（http://www.metrobook.com.tw)
   博客來網路書店（http://www.books.com.tw)
   金石堂網路書店（http://www.kingstone.com.tw)
3. 到郵局劃撥：
   戶名：大都會文化事業有限公司　帳號：14050529
4. 親赴大都會文化買書可享 8 折優惠。

98-04-43-04

郵政劃撥儲金存款單

收款帳號	1	4	0	5	0	5	2	9

金額 新台幣（小寫）	億	仟萬	佰萬	拾萬	萬	仟	佰	拾	元

通訊欄（限與本次存款有關事項）

我要購買以下書籍

書名	單價	數量	合計

購書金額未滿600元，另加收60元國內掛號郵資或貨運專送運費。

總計數量及金額：共＿＿＿本，合計＿＿＿元

收款戶名：大都會文化事業有限公司

寄款人 □他人存款 □本戶存款

姓名

地址 □□□-□□

電話

主管：

經辦局收款戳

虛線內備供機器印錄用請勿填寫

◎寄款人請注意背面說明
◎本收據由電腦印錄請勿填寫

郵政劃撥儲金存款收據

收款帳號戶名

存款金額

電腦紀錄

經辦局收款戳

郵政劃撥存款收據注意事項

一、本收據請妥為保管，以便日後查考。

二、如欲查詢存款入帳詳情時，請檢附本收據及已填妥之查詢函向任一郵局辦理

三、本收據各項金額、數字係機器印製，如非機器列印或經塗改或無收款郵局收訖章者無效。

大都會文化、大旗出版社讀者請注意

一、帳號、戶名及寄款人姓名地址各欄請詳細填明，以免誤寄；抵付票據之存款，務請於交換前一天存入。

二、本存款單金額之幣別為新台幣，每筆存款至少須在新台幣十五元以上，且限填至元位為止。

三、倘金額塗改時請更換存款單重新填寫。

四、本存款單不得黏貼或附寄任何文件。

五、本存款金額業經電腦登帳後，不得申請撤回。

六、本存款單備供電腦影像處理，請以正楷工整書寫並請勿摺疊。帳戶如需自印存款單，各欄文字及規格必須與本單完全相符；如有不符，各局應婉請寄款人更換郵局印製之存款單填寫，以利處理。

七、本存款單帳號與金額欄請以阿拉伯數字書寫。

八、帳戶本人在「付款局」所在直轄市或縣(市)以外之行政區域存款，需由帳戶內扣收手續費。

如果您在存款上有任何問題，歡迎您來電洽詢
讀者服務專線：(02)2723-5216(代表線)
為您服務時間：09：00～18：00(週一至週五)

大都會文化事業有限公司　　讀者服務部

交易代號：0501、0502 現金存款　0503票據存款　2212 劃撥票據託收

有一種智慧叫以退為進

作　　者　李家曄、袁雪潔

發 行 人　林敬彬
主　　編　楊安瑜
編　　輯　李彥蓉
內頁編排　于長煦
封面設計　劉秋筑

出　　版　大都會文化事業有限公司　行政院新聞局北市業字第89號
發　　行　大都會文化事業有限公司
11051台北市信義區基隆路一段432號4樓之9
讀者服務專線：(02)27235216
讀者服務傳真：(02)27235220
電子郵件信箱：metro@ms21.hinet.net
網　　　　址：www.metrobook.com.tw

郵政劃撥　14050529 大都會文化事業有限公司
出版日期　2011年3月初版一刷　2014年4月初版七刷
定　　價　220元
I S B N　978-986-6152-14-6
書　　號　Growth-040

4F-9, Double Hero Bldg., 432, Keelung Rd., Sec. 1,
Taipei 11051, Taiwan
Tel:+886-2-2723-5216　Fax:+886-2-2723-5220
Web-site:www.metrobook.com.tw
E-mail:metro@ms21.hinet.net

大都會文化
METROPOLITAN CULTURE

國家圖書館出版品預行編目資料

有一種智慧叫以退為進／李家曄, 袁雪潔著. -- 初版. -- 臺北市：大都會文化, 2011. 03
面；　公分. -- (Growth；40)

ISBN 978-986-6152-14-6（平裝）
1.人生哲學　2.修身

191.9　　100001652

大都會文化　讀者服務卡

書名：**有一種智慧叫以退為進**

謝謝您選擇了這本書！期待您的支持與建議，讓我們能有更多聯繫與互動的機會。

A. 您在何時購得本書：______年______月______日

B. 您在何處購得本書：____________書店，位於____________(市、縣)

C. 您從哪裡得知本書的消息：

1.□書店　2.□報章雜誌　3.□電台活動　4.□網路資訊

5.□書籤宣傳品等　6.□親友介紹　7.□書評　8.□其他

D. 您購買本書的動機：（可複選）

1.□對主題或內容感興趣　2.□工作需要　3.□生活需要

4.□自我進修　5.□內容為流行熱門話題　6.□其他

E. 您最喜歡本書的：（可複選）

1.□內容題材　2.□字體大小　3.□翻譯文筆　4.□封面　5.□編排方式　6.□其他

F. 您認為本書的封面：1.□非常出色　2.□普通　3.□毫不起眼　4.□其他

G. 您認為本書的編排：1.□非常出色　2.□普通　3.□毫不起眼　4.□其他

H. 您通常以哪些方式購書：(可複選)

1.□逛書店　2.□書展　3.□劃撥郵購　4.□團體訂購　5.□網路購書　6.□其他

I. 您希望我們出版哪類書籍：（可複選）

1.□旅遊　2.□流行文化　3.□生活休閒　4.□美容保養　5.□散文小品

6.□科學新知　7.□藝術音樂　8.□致富理財　9.□工商企管　10.□科幻推理

11.□史哲類　12.□勵志傳記　13.□電影小說　14.□語言學習（_____語）

15.□幽默諧趣　16.□其他

J. 您對本書(系)的建議：

____

K. 您對本出版社的建議：

____

讀者小檔案

姓名：______________ 性別：□男　□女　生日：____年____月____日

年齡：□20歲以下 □21～30歲 □31～40歲 □41～50歲 □51歲以上

職業：1.□學生 2.□軍公教 3.□大眾傳播 4.□服務業 5.□金融業 6.□製造業
7.□資訊業 8.□自由業 9.□家管 10.□退休 11.□其他

學歷：□國小或以下 □國中 □高中／高職 □大學／大專 □研究所以上

通訊地址：______________________________________

電話：（H）______________（O）______________ 傳真：______________

行動電話：__________________E-Mail：______________________

◎謝謝您購買本書，也歡迎您加入我們的會員，請上大都會文化網站 www.metrobook.com.tw 登錄您的資料。您將不定期收到最新圖書優惠資訊和電子報。

有一種智慧叫以退為進

北區郵政管理局
登記證北台字第9125號
免貼郵票

大都會文化事業有限公司
讀者服務部 收

11051台北市基隆路一段432號4樓之9

寄回這張服務卡〔免貼郵票〕
您可以：
◎不定期收到最新出版訊息
◎參加各項回饋優惠活動

大都會文化
METROPOLITAN CULTURE

大都會文化
METROPOLITAN CULTURE

大都會文化
METROPOLITAN CULTURE

大都會文化
METROPOLITAN CULTURE